Os Persas
Electra
Hécuba

CB130573

A TRAGÉDIA GREGA

vol. 1	SÓFOCLES	*A Trilogia Tebana* Édipo Rei, Édipo em Colono, Antígona
vol. 2	ÉSQUILO	*Oréstia* Agamêmnon, Coéforas, Eumênides
vol. 3	EURÍPIDES	Medéia, Hipólito, As Troianas
vol. 4	ÉSQUILO	Os Persas
	SÓFOCLES	Electra
	EURÍPIDES	Hécuba
vol. 5	EURÍPIDES	Ifigênia em Áulis, As Fenícias, As Bacantes
vol. 6	ÉSQUILO	Prometeu Acorrentado
	SÓFOCLES	Ájax
	EURÍPIDES	Alceste

A COMÉDIA GREGA

vol. 1	ARISTÓFANES	As Nuvens, Só para Mulheres, Um Deus Chamado Dinheiro
vol. 2	ARISTÓFANES	As Vespas, As Aves, As Rãs
vol. 3	ARISTÓFANES	A Greve do Sexo, A Revolução das Mulheres

ÉSQUILO

OS PERSAS

SÓFOCLES

ELECTRA

EURÍPIDES

HÉCUBA

Tradução do grego, introdução e notas:
MÁRIO DA GAMA KURY

6ª edição

ZAHAR

Copyright © 1992, 1996, 1998, 2000,
2004, 2008, Mário da Gama Kury

Reservados ao tradutor os direitos de representação
teatral, de televisão, de radiofonia, fotomecânicos etc.

Copyright desta edição © 2008:
Jorge Zahar Editor Ltda.
rua Marquês de S. Vicente 99 – 1º | 22451-041 Rio de Janeiro, RJ
tel (21) 2529-4750 | fax (21) 2529-4787
editora@zahar.com.br | www.zahar.com.br

Todos os direitos reservados.
A reprodução não-autorizada desta publicação, no todo
ou em parte, constitui violação de direitos autorais. (Lei 9.610/98)

Edições anteriores: 1992, 1996, 1998, 2000, 2004

Capa: Sérgio Campante
Composição: TopTextos Edições Gráficas

CIP-Brasil. Catalogação-na-fonte
Sindicato Nacional dos Editores de Livros, RJ.

Ésquilo, c.525-456 a.C.
E81p Os persas / Ésquilo. Electra / Sófocles. Hécuba / Eurípides; tradução
6.ed. do grego, introdução e notas de Mário da Gama Kury. — 6.ed. — Rio de
Janeiro: Zahar, 2007.

(A tragédia grega; v.4)

Tradução dos originais gregos
Dados biobibliográficos do tradutor
ISBN 978-85-7110-229-3

1. Tragédia grega. I. Sófocles, c.495-406 a.C. Electra. II. Eurípides, 480-406 a.C. Hécuba. III. Kury, Mário da Gama. IV. Título. V. Título: Electra. VI. Título: Hécuba. VII. Série.

CDD: 882
07-4475 CDU: 821.14'02-2

Sumário

Prólogo

Das três tragédias ora publicadas em tradução, *Os Persas* e a *Hécuba* aparecem aqui pela primeira vez.

A tradução da *Electra* sai em terceira edição, revista e corrigida. A primeira edição data de 1958 e a segunda de 1965, ambas lançadas pela Editora Civilização Brasileira.

A revisão da *Electra* foi feita com o objetivo de dar maior fluência aos versos; para isso, abrimos mão da literalidade absoluta em relação ao texto grego, embora reduzindo as licenças ao mínimo possível e mantendo sempre, se não a letra, o espírito do texto.

Rio de Janeiro, julho de 1992
MÁRIO DA GAMA KURY

Apresentação

A Tragédia Grega

Alguns esclarecimentos preliminares a propósito do conteúdo e da forma da tragédia grega poderão proporcionar uma apreciação mais completa desses monumentos literários, tão distantes de nosso tempo e de nossos hábitos mentais contemporâneos em matéria artística.

Seriam intempestivas, aqui, considerações puramente históricas a respeito das origens e da evolução da tragédia; bastará observar, e resumidamente, a tragédia grega em seu período de perfeição máxima.

A própria organização material do teatro grego, se conhecida ou rememorada, possibilitará uma visão mais natural de alguns elementos componentes do drama antigo. O teatro de Dîoniso, onde foi representada pela primeira vez a *Electra* aproximadamente em 413 a.C., tinha capacidade para cerca de 30.000 espectadores, sentados em arquibancadas semicirculares escavadas na rocha das encostas da Acrópole de Atenas, e faceava o monte Himeto e o mar; do *logêion* (as palavras gregas são transliteradas em caracteres latinos), que corresponde ao palco dos teatros atuais, os atores viam, bem próximos, os penhascos em cujo cimo situava-se a estátua fulgurante de Palas Protetora, obra de Fídias. Tudo ficava ao ar livre e, se recompusermos mentalmente a paisagem, poderemos apreender a majestade e a propriedade das invocações às forças da natureza, à terra e ao céu, aos templos dos deuses, ao sol onividente e às ondas do mar cintilando à distância, comuns nas tragédias gregas; Electra erguia os braços ao sol verdadeiro, dourando a estátua de Atena com seus raios reais, mas o herói de uma tragédia moderna apostrofará um círculo de papel transparente num cenário de papel pintado.

O teatro ateniense estava intimamente ligado às criações mais brilhantes da escultura e da arquitetura gregas, ao melhor da paisagem da cidade e dos arredores e às próprias divindades do culto helênico, em suas manifestações visíveis. Essa circunstância impôs muitas das peculiaridades do drama grego em relação ao moderno, pois o espetáculo que o cidadão ateniense tinha diante de si falava tanto aos seus sentidos como à sua imaginação, enquanto a tragédia moderna se dirige mais ao íntimo da audiência.

Esses fatos puramente materiais explicam a circunstância de quase todas as tragédias gregas decorrerem ao ar livre; ao contrário, as hesitações de Hamlet, ou o conflito espiritual de Fausto, cabem naturalmente nos limites estreitos das câmaras palacianas ou de outros recintos fechados.

O cenário, na acepção atual do termo, era praticamente desnecessário para os gregos; o nome de uma tragédia bastava ao espectador para saber qual era o pórtico de palácio representado no palco; a estátua de um deus indicava o templo a que se referia o autor da peça.

A simplicidade do aparato teatral, além de outras coisas ainda por mencionar, conduziu a uma correspondente simplicidade na elaboração dramática, à raridade de mudanças de cena e ao caráter estático da tragédia grega de um modo geral.

Escavadas numa encosta de colina, as arquibancadas em que se sentavam os espectadores atenienses formavam pouco mais que um semicírculo, e esse extenso arco era fechado por uma longa reta — a *skene* (literalmente: tenda), ou fundo do palco; na *skene* localizavam-se os vestiários dos atores e dos coreutas, e ficavam os objetos que tinham de ser introduzidos em cena durante a ação.

Correspondendo à parte central da *skene* havia uma plataforma, que era o palco propriamente dito — o *logêion* — (*literalmente:* lugar de falar). O palco era estreito, e elevado de 3m a 3,50m em relação ao solo; o acesso fazia-se por meio de rampas laterais. No palco, muito mais longo que largo, desenvolvia-se toda a ação da peça; os atores entravam em cena valendo-se de três portas que ligavam a *skene* ao *logêion,* das quais a central era a mais larga; essas portas representavam as entradas de templos ou palácios (como na *Electra*). Quando estavam no palco, os atores não dispunham de muito espaço para se agruparem, ou para executarem movimentos complicados; deslocavam-se e detinham-se como se fossem figuras de um baixo-relevo, mostrando seu perfil aos espectadores, e arranjando de tal forma seus gestos que uma harmoniosa seqüência de figuras se destacava contra o fundo da *skene,* dada a distância relativamente grande que ia das arquibancadas ao *logêion* (entre este e aquelas ficava o círculo destinado às evoluções do coro).

Isolado dos atores, o coro tinha o seu lugar próprio, situado no centro de todo o conjunto do teatro — uma depressão circular e pouco profunda entre a arquibancada mais baixa e o *logêion*; no meio dessa depressão (*ôrkhestra*) localizava-se o altar de Diôniso (*thymele*), em torno do qual o coro efetuava suas evoluções iniciais, e onde permanecia enquanto a ação se desenrolava no *logêion.* O coro chegava à *ôrkhestra* por passagens laterais vindas do fundo da *skene,* situadas em nível inferior ao do *logêion,* e nunca abandonava a *ôrkhestra* para subir ao *logêion* e misturar-se com os atores (essa prerrogativa limitava-se ao corifeu, o condutor do coro).

Acima do *logêion* estava suspensa uma plataforma aérea para as intervenções dos deuses *ex machina,* freqüentes nas tragédias de Eurípides, e dos fantasmas, como o de Dario nos *Persas* de Ésquilo; por baixo do *logêion* havia escadas, por onde subiam, como se viessem das profundezas da terra, os egressos do inferno e equivalentes...

Esses detalhes relativos às vastas proporções do teatro, ao seu sistema de construção e à sua situação ao ar livre, evidenciam que nenhuma encenação similar à dos dramas modernos teria sido possível nos palcos áticos; os freqüentadores dos teatros gregos nunca puderam apreciar as entonações sutis de voz e as delicadas mudanças de expressão, características de paixões cambiantes, que constituem um dos encantos da arte dramática moderna.

Tudo no teatro grego tinha de ser colossal, escultural e quase estático, mas os gregos possuíam um senso de proporção e de propriedade tão refinado que ajustavam perfeitamente sua arte a essas imitações; os atores elevavam a estatura recorrendo a calçados de solado grosso (coturnos); usavam máscaras e dispositivos especiais adaptados à abertura da boca das máscaras, destinados a dar ressonância à voz; a indumentária era a roupagem tradicional dos festivais dionisíacos — longas vestes brilhantes, que aumentavam a majestade dos atores quando solenemente arrastadas; todos os movimentos ostentavam a dignidade conveniente a heróis e semideuses, e até a deuses.

Mas, para manter a grandeza desses personagens no palco era necessário evitar movimentos abruptos e lutas violentas; essa é, talvez, a principal razão de a tragédia se revestir de aspecto grave e solene, de algumas de suas mais apaixonadas manifestações de emoção se apresentarem cadenciadas em elaboradas criações líricas, com acompanhamento musical, e de toda ação movimentada ter lugar fora do palco (essa peculiaridade impunha a criação do papel de mensageiro ou equivalente, incumbido das narrações semelhantes às do Preceptor na *Electra,* como decorrência das condições peculiares do *logêion*).

Nessas mesmas circunstâncias encontramos a explicação para as situações trágicas prolongadas com tanta intensidade, para a limitação das ações, em geral, a um curto período de tempo e a um local único, e para as poucas mudanças nas caracterizações durante a representação (as máscaras simbolizavam expressões fisionômicas fixas). Conseqüentemente o dramaturgo grego punha toda a sua habilidade no tratamento de enredos e de caracteres capazes de demonstrar sentimentos continuados e uniformes; em contraposição, o autor dramático moderno procura criar papéis que habilitem os grandes atores a exibirem as mais variadas e desencontradas expressões.

Se quisermos chegar a uma concepção razoavelmente justa do drama ático, deveremos imbuir o espírito na escultura grega e animar mentalmente alguma frisa com seus baixos-relevos, acrescentando o acompanhamento de música simples e solene; não se deve, contudo, ir até o ponto de fazer a comparação do drama grego com a ópera atual; se há um ponto de semelhança, este é a utilização altamente artificial da arte histriônica, comum a ambos; a expressão de paixões em uma ária estática e prolongada, habitual na ópera e tão distante da realidade, era uma ocorrência comum na tragédia grega, *mutatis mutandis.*

Ocupamo-nos até agora das características do drama antigo determinadas mais de perto pelas circunstâncias exteriores da cena ática, e de tudo quanto foi dito parece evidente que algumas das qualidades mais marcantes da tragédia grega eram decorrências de limitações puramente materiais. Restam, porém, outros pontos diferenciais, igualmente importantes, entre o drama antigo e o moderno, devidos ao conteúdo do primeiro.

Os dramaturgos gregos confinaram-se quase absolutamente num círculo restrito de histórias míticas; uns após outros, todos recorreram a Homero e aos demais poetas do ciclo épico; Ésquilo, Sófocles e Eurípides, para não mencionar seus inúmeros rivais menos conhecidos cujas obras se perderam, trabalharam e retrabalharam os mesmos temas; restam-nos, por exemplo, num universo restrito de pouco mais de trinta tragédias, três obras compostas precisamente sobre o mesmo incidente lendário na história dos filhos de Agamêmnon: as *Coéforas*, de Ésquilo, a *Electra*, de Sófocles, e a de Eurípides.

Os autores modernos, ao contrário, têm à sua disposição todo o material da história humana; vão buscar seus assuntos onde lhes apraz, ou inventam enredos que lhes permitem exibir caracteres variados, paixões desencontradas, os mais surpreendentes efeitos trágicos.

A esse respeito os dramas sacros da Igreja católica na Idade Média apresentam analogias com o drama grego, ressalvada, contudo, uma diferença importante: a santidade das tradições cristãs, atribuindo uma forma inalterável às lendas, excluía a liberdade tanto na escolha dos temas como também na maneira de tratá-los. Por isso, quando despertou na Europa moderna o verdadeiro espírito dramático, os autores tiveram de abandonar a esfera acanhada de idéias preestabelecidas. Se os interlúdios de Téspis, precursores da tragédia grega, tivessem sido puramente didáticos em seus objetivos como os dramas sacros medievais, muito provavelmente o drama ático teria seguido caminho diverso do que o levou à perfeição. A verdadeira essência da religião grega atingiu suas culminâncias justamente na arte: a mitologia grega chegou a seu desenvolvimento máximo no tratamento altamente artístico dado por Sófocles aos temas inevitáveis. Os dramaturgos, na verdade, tinham a sua escolha limitada à lenda (salvo duas ou três exceções, entre as quais *Os Persas* de Ésquilo, de fundo histórico); não lhes era concedida a liberdade absoluta de inventar; estavam obrigados pelo gênero a ater-se em linhas gerais à interpretação tradicional dos motivos mitológicos revestidos de significação religiosa. Nunca se deve perder de vista que os deuses, os incidentes, as histórias em torno das quais giram as tragédias gregas, eram religião viva, de que estava impregnada a existência de cada espectador.

Dessa diferença original nas fontes de inspiração podem ser deduzidas outras importantes distinções entre o drama antigo e o moderno. A concepção de justiça distributiva domina quase toda a tragédia grega, mas a dramaturgia moderna, que não impõe concepções religiosas ou morais à esfera da arte, não dá maior destaque a essa idéia; Shakespeare e Goethe quiseram pôr diante de nossos olhos apenas o espetáculo vário da existência humana, do qual colhemos somente as lições que se podem aprender da própria vida. Não pretendem os dramaturgos modernos, ao contrário dos antigos, moralizar, apresentar soluções paralelamente aos problemas; consideram suficiente exibir a humanidade em conflito, conduzir as nossas simpatias para o lado mais nobre, ou despertar nossa piedade diante do espetáculo da desgraça decorrente das próprias ações humanas; na tragédia grega os culpados deviam sofrer inevitavelmente, e a piedade do espectador era despertada por sofrimentos imerecidos, para os quais os personagens não haviam concorrido conscientemente; apenas em alguns casos, como na *Antígona* de Sófocles, prepondera o puro sentido trágico. Outra conseqüência da relativa rigidez da tragédia ática: os dramaturgos não contavam com o elemento "surpresa" para prender a atenção da audiência; ilustra perfeitamente este aspecto o seguinte fragmento do poeta cômico Antifanes (388-311 a.C) queixando-se da inferioridade das condições de trabalho do autor de comédias, obrigado ele mesmo a inventar suas histórias:

> "O autor de tragédias é feliz em tudo. Para início de conversa suas histórias são conhecidas por todos os espectadores, muito antes de os atores abrirem a boca. O trabalho do poeta é dar a saída: se fala em Édipo, todos sabem o resto; seu pai era Laio e sua mãe chamava-se Jocasta; todos conhecem seus filhos, seus sofrimentos e feitos. Se outro poeta qualquer fala em Alcmêon, enumera automaticamente seus filhos, conta que ele matou sua mãe infeliz num acesso de loucura; Adrasto chegou, cheio de furor, e desapareceu em seguida" (Antifanes, citado por Atênaios, *Deipnosofistas,* 222 a-b).

A arte do dramaturgo antigo consiste em realçar a importância trágica do enredo, em expor os caracteres e preparar incidentes de maneira a excitar a atenção. Daí decorreu um estilo próprio de tratamento, e em particular a decantada "ironia" trágica, em que Sófocles foi mestre. Veja-se, por exemplo, a *Electra*; desde o princípio o espectador sabe que Orestes está vivo e presente e, no entanto, esse fato não diminui o interesse pela trama; as situações decorrentes desse conhecimento prévio tornam possíveis exibições de virtuosismo dramático, em que a ambigüidade e a ironia adquirem um estranho sabor trágico. Atualmente, porém, os autores esforçam-se por fazer com que a cada momento o desfecho se torne mais imprevisível; a ironia trágica de Sófocles não pode ser um elemento freqüente na tragédia moderna. Repetindo uma comparação expressiva é verdadeiro dizer que "o dramaturgo antigo jogava com as cartas na mesa, enquanto o moderno esconde-as nas mãos" (J.A. Symonds, *Studies of the Greek Poets*, 3ª edição, Londres, 1920, p. 404).

De quanto foi dito pode-se perfeitamente concluir que o drama antigo procurava delinear o destino, enquanto o moderno se esforça por traçar o caráter dos homens; o drama antigo apresentava ações predeterminadas e manejadas por misteriosas forças superiores e exteriores aos personagens, enquanto o moderno expõe situações trágicas produzidas e desencadeadas pela ação livre dos personagens, ou transfere o determinismo para os campos patológico e social; o drama antigo deve sua perfeição à regularidade e simplicidade, enquanto a força do drama moderno concentra-se na sutileza e na multiplicidade; a religião e os ideais éticos vigentes no tempo da tragédia grega impregnavam-na fortemente, inseparavelmente, mas hoje são elementos acessórios ou totalmente dispensáveis. A simplicidade e regularidade da tragédia grega decorrem naturalmente das condições materiais do teatro ático, tanto quanto do próprio espírito da arte trágica de então (embora seja possível, até certos limites, inverter as proposições), mas esses fatores não ocorrem no mundo moderno, e o erro dos grandes dramaturgos franceses da época clássica foi o de aderirem estritamente aos elementos precários da cena ática, quando lhes faltavam meios para ressuscitar o seu aspecto colossal, desprezando ainda todos os novos recursos que o estilo restaurado lhes proporcionava, e esquecidos de que produziam para uma platéia já descrente das personificações e dos deuses da mitologia grega, e indiferente às concepções ético-religiosas dos gregos, tão "irreligiosas" do ponto de vista moderno.

Esse mesmo entusiasmo pelas coisas da antigüidade clássica levou os franceses a adotarem a doutrina das três unidades, que afinal eram duas, pois Aristóteles, cuja autoridade invocavam, não fala em unidade de lugar. As próprias tragédias gregas conservadas mostram as mudanças no local da ação, como, por exemplo, no *Ájax* de Sófocles e nas *Eumênides* de Ésquilo. Não lhes ocorreu que essas "exigências" eram menos exigências que limitações nas condições materiais e formais da cena antiga.

Em síntese: a maior parte das diferenças entre o drama de Sófocles e o de Shakespeare resultou da religiosidade que impregnava o drama antigo, da rigidez do material mitológico trabalhado sucessivamente pelos dramaturgos gregos, e das condições materiais da cena ática.

Estrutura formal da Tragédia Grega

Do ponto de vista estrutural a tragédia compõe-se da parte falada e da parte cantada e dançada. A parte falada abrange quase todo o movimento efetivo do drama e é dita pelos atores no *logêion*; as odes corais (parte cantada e dançada) marcam pausas na ação e são executadas pelos coreutas na *ôrkhestra* (literalmente: "lugar de dançar"). A representação, portanto, consistia na alternância de fala e canto (este último acompanhado por dança), mas não havia limites rígidos para esses elementos constitutivos da tragédia, e os autores os fundem e combinam habilmente de acordo com suas predileções. Muitas vezes o coro participava do diálogo, seja por meio de seu porta-voz (o corifeu), seja em conjunto, cantando, contracenando com os atores; estes, nos momentos de ação mais intensa, também podem exprimir-se cantando, juntamente com o coro ou em solos; o resultado é uma fusão, geralmente harmoniosa, dos elementos lírico e dramático, peculiar à tragédia grega.

Na parte falada, pelos motivos já expostos, a narrativa, seja nas falas dos mensageiros (o caso do Preceptor na *Electra*), seja nos prólogos, aparece em plano destacado, juntamente com os diálogos propriamente ditos, que são, entretanto, o elemento característico da tragédia segundo Aristóteles (*Poética*, 1449 b 26); os solilóquios e apartes são raros, sendo digno de nota o monólogo do *Ájax* de Sófocles. Esta parte é dividida pelas intervenções do coro em episódios sucessivos, correspondentes aos "atos" das peças modernas; na época clássica não havia um número fixo de "atos", predominando, todavia, a divisão em cinco, embora tenha variado de quatro, nos *Persas*, a sete no *Édipo em Colono*. A primeira cena falada constituía o *prólogos* e a última o *êxodos*; todas as cenas intermédias constituíam *epeisôdia*.

A parte lírica pode ser de três espécies: a cantada apenas pelo coro, a cantada apenas pelos atores, e a cantada por atores e coro em conjunto; a primeira é a mais importante e abrange as odes regulares, que marcam as pausas na ação; a primeira ode, em geral cantada logo após a entrada do coro na *ôrkhestra*, é o *párodos* ("canto de entrada"); as demais são os *stásima* (cantos estacionários); parece fora de dúvida que o canto, em todas as odes, era acompanhado de dança, de evoluções coreográficas. As odes geralmente subdividiam-se em *strophé* (evolução do coro em volta do altar, de ida, para o lado direito) e *antistrophé* (evolução de volta, para o lado esquerdo); o *êpodos* era cantado com o coro parado, entre a *strophé* e a *antistrophé*. Estas particularidades impunham a necessidade de compor simetricamente a *strophé* e a *antistrophé*, de tal modo que o coro acabasse de cantar, após as evoluções, exatamente no lugar onde começara. A parte cantada pelos atores podia apresentar-se sob a forma de solo ou de dueto.

Variam as opiniões quanto ao papel do coro nas tragédias gregas, mas pondo de lado o aspecto preponderantemente coral das tragédias mais antigas, de que as *Suplicantes* e *Os Persas* de Ésquilo nos dão uma idéia, no tocante ao drama de Sófocles pode-se repetir a opinião de Schlegel (*Lectures on Dramatic Art and Literature*, tradução inglesa de John Black, 2ª edição, Londres, 1894, p. 70) que definiu o coro como um espectador ideal, transmitindo aos personagens as reações que, na opinião do poeta, o desenrolar da ação poderia provocar nos espectadores.

Valemo-nos para esta apresentação, além da obra já mencionada de Symonds, as de A. E. Haigh, *The Tragic Drama of the Greeks* (Oxford, 1896), de O. Navarre, *Dionysos — Études sur l'Organisation Materielle du Théâtre Athénien* (Paris, 1895) e Pickard-Cambridge, *The Dramatic Festivals of Athens* (Oxford, 1953).

ÉSQUILO

Os Persas

Introdução

O autor e a obra

Ésquilo, o mais antigo dos três grandes dramaturgos gregos e criador da tragédia em sua forma definitiva, nasceu em Elêusis, nas proximidades de Atenas, em 525 ou 524 a.C.; combateu nas batalhas de Maratona e Salamina contra os invasores persas de sua pátria, e morreu no ano de 456 a.C.

Ele escreveu cerca de 90 peças, das quais nos restam completas as *Suplicantes*, encenadas em data incerta (entre 499 e 472 a.C.); *Os Persas*, representados em 472 a.C.; os *Sete Chefes contra Tebas* (em 467 a.C.); o *Prometeu Acorrentado* (data incerta, provavelmente próxima ao ano de estréia de *Oréstia*); o *Agamêmnon*, as *Coéforas* e as *Eumênides* (que compõem a trilogia conhecida como *Oréstia*), representadas pela primeira vez em 458 a.C., todas estreadas em Atenas.

A descoberta de um fragmento de papiro em 1952 introduziu dúvidas na cronologia tradicional constante do parágrafo anterior, levantando a possibilidade de *Os Persas* serem a mais antiga das tragédias conservadas. Trata-se, entretanto, de mera conjectura, que por enquanto não tirou das *Suplicantes* a primazia geralmente aceita.

Os Persas apresentam a singularidade de serem a única tragédia grega subsistente baseada em um acontecimento histórico — a guerra entre os gregos e os persas. Outra singularidade é que Ésquilo participou da guerra como combatente naquele confronto decisivo para a sorte da civilização ocidental no primeiro quarto do Século V a.C.

Antes de Ésquilo o poeta Frínico já havia apresentado em Atenas, em 493 a.C., a *Captura de Mileto* (sobre a conquista da cidade pelos persas) e em 476 as *Fenícias*, cujo assunto era também a derrota dos persas pelos gregos (destas duas tragédias restam apenas escassos fragmentos).

Os Persas giram em torno do desastre em que os invasores da Grécia viram suas forças navais aniquiladas pelos gregos em Salamina, onde pereceu a maior parte dos combatentes bárbaros comandados por Xerxes. A peça transcorre em Susa, capital do império persa. Os anciãos da nobreza local — os Fiéis —, designados pelo rei Xerxes por ocasião de sua partida à frente da expedição para aconselharem Atossa, a rainha-mãe, inquietos com a falta de notícias de seus compatriotas, reúnem-se para deliberar sobre o prolongamento da ausência do rei e de seus comandados. A rainha-mãe aparece para revelar um sonho dúbio que tivera na noite anterior. Os anciãos insistem com Atossa para elevar preces aos deuses e pedir a proteção dos espíritos dos mortos com sacrifícios e oferendas capazes de afastarem de seus súditos as ameaças contidas no sonho. Antes de atender ao pedido a rainha-mãe se detém para fazer perguntas a respeito do comportamento dos atenienses diante das forças persas. Pouco tempo depois entra em cena apressadamente um mensageiro para relatar o aniquilamento da frota persa em frente a Salamina e as agruras dos poucos sobreviventes do exército em sua retirada de volta à pátria. Diante disso Atossa resolve oferecer sacrifícios junto à tumba de seu marido Dario, cujo espírito, despertado pelas encantações do Coro, condena a tentativa de invasão da Grécia, profetiza a derrota final dos persas em Platéia por causa de sua insolência e de seus sacrilégios diante dos templos e dos deuses gregos, e atribui à arrogância (*hybris*) dos invasores a ruína de Xerxes. A parte final da peça mostra a chegada a Susa de Xerxes, cuja figura desarvorada confirma o fim de seu orgulho e de sua presunção desmedidos, e também a extinção do poderio persa.

A sensibilidade trágica de Ésquilo levou-o a escolher a capital do império persa para cenário da peça, cujos personagens são todos persas. Com efeito, entre os gregos vitoriosos predominava o júbilo enorme diante de uma vitória, cujo resultado era a sobrevivência da Grécia, que se tivesse sido derrotada passaria a ser mais uma das inúmeras satrapias persas. E o júbilo é incompatível com o trágico. Além disso, o espírito grego não se comprazia com lamúrias, que em decorrência da escolha de Ésquilo são postas com naturalidade na boca dos persas; estes, como os orientais em geral, eram dados a demonstrações infindáveis de dor, tanto assim que os próprios gregos, ainda na época histórica, contratavam carpideiras de diversas regiões da Ásia para suas cerimônias fúnebres. Acrescente-se que os elogios aos gregos postos na boca dos persas (por exemplo, nos versos 304, 1318 e 1319) eram ainda mais significativos do que seriam se ditos por gregos.

Soam com maior naturalidade, também, as numerosas referências às riquezas incalculáveis dos persas, em contraste com os recursos modestos e a simplicidade dos gregos, e ao culto do ouro entre os persas (por exemplo, os versos 4-5, 14, 55, 68, 175, 181, 315). A arrogância dos persas também se mostra com maior nitidez nas palavras deles mesmos. Aos gregos da época de Ésquilo causava certamente espanto a subserviência dos persas diante do rei e da rainha, em frente dos quais eles se prosternavam chamando-os de deuses, e principalmente a prepotência do rei em relação aos súditos (vejam-se, por exemplo, os versos 256-257). As referências à Grécia limitam-se a Atenas e a Salamina. Também parecem naturais, diante da arrogância dos dignatários persas, as referências à enorme superioridade numérica dos invasores (vejam-se os versos 303-304, e 768 e seguintes).

O desconhecimento dos gregos a respeito de outras terras e outros povos explica o recurso de Ésquilo a enumerações dos persas participantes da guerra, bem como dos chefes dos contingentes das numerosas regiões sujeitas ao domínio persa na época da guerra, também mencionados exaustivamente por Ésquilo. O dramaturgo, como combatente do lado grego, tinha na época em que escreveu a peça um conhecimento direto desses dados, que certamente maravilhavam os espectadores do teatro ateniense em que se encenavam suas peças. Obviamente esses detalhes não causam hoje o mesmo efeito sobre os leitores, aos quais podem parecer até cansativos.

A estrutura dos *Persas* — uma das tragédias gregas mais antigas — é muito simples e nela prevalece ainda a parte lírica (os coros). Nestas circunstâncias não devemos compará-la com outras peças posteriores, representativas da plenitude do gênero, inclusive as três tragédias componentes da *Oréstia* do próprio Ésquilo, principalmente com o *Agamêmnon*. Devemos apreciá-la isoladamente, em sua condição excepcional de peça baseada em um fato histórico, que limita o poder criador do poeta, atado a acontecimentos praticamente contemporâneos da tragédia, em contraste com as demais produções do mesmo autor e de seus grandes sucessores — Sófocles e Eurípides.

Nossa tradução baseia-se principalmente no texto constante da valiosa edição de H.D. Broadhead, que inclui uma ampla introdução e notas abundantes, além de um comentário exaustivo (*The Persae of Aeschylus*, Cambridge, University Press, 1960). Consultamos também as edições de Gilbert Murray (Oxford, Clarendon Press, 1955) e de Paul Mazon (Paris, "Les Belles Lettres", 1946).

Época da ação: 480 a.C., pouco tempo depois da batalha de Salamina, em que os gregos derrotaram os persas.
Local: Susa, capital do império persa.
Primeira representação: 472 a.C., em Atenas.

PERSONAGENS

ATOSSA, rainha-mãe dos persas, mãe de Xerxes, viúva de Dario
XERXES, rei dos persas
FANTASMA DE DARIO, pai de Xerxes
MENSAGEIRO
CORO de anciãos persas (os Fiéis)

Os gregos, ou helenos, são chamados também de iônios.

Cenário

Ao fundo, o palácio real, diante do qual se reúnem os Fiéis (anciãos conselheiros do rei), componentes do CORO, *que entram lentamente em cena.*

CORO

Aqui estamos nós, que entre os persas
atualmente ausentes lá na Grécia
somos chamados de Fiéis por todos,
vigias da opulência de um palácio
onde há imensa quantidade de ouro.
Em decorrência de nossa nobreza
o próprio Xerxes, grande rei da Pérsia,
filho do rei anterior, Dario,
deu-nos a incumbência de zelar
pelo país durante sua ausência.
O coração, porém, profeta inquieto,
já pressagia em nosso peito aflito
calamidades quanto à volta à pátria
do enorme exército coberto de ouro
e de nosso senhor, seu comandante;
as forças todas dos Filhos da Ásia
levadas para a guerra já murmuram
contra seu jovem rei, e não chegou
à capital dos persas um arauto
ou mensageiro em rápido corcel,
embora o esperemos ansiosos.
Deixando Ecbátana, deixando Susa
e as antiqüíssimas muralhas císsias[1],
partiram incontáveis combatentes,
uns a cavalo, outros em muitas naus
e a pé o grosso de nossos soldados,
a multidão de bravos lutadores.
Foram assim para as duras batalhas
Amistres, Artafernes, Megabates
e Astaspes, os comandantes dos persas,
submissos apenas ao grande rei,
à frente de forças incalculáveis.
Com eles foram seus archeiros ótimos
e seus assustadores cavaleiros,

terríveis nos combates, impelidos
pela bravura de seus corações.
Estavam entre eles Artembares,
que luta sem abandonar seu carro,
Masistes e Imeu irresistível,
archeiro triunfante, e Farandaces,
que sempre fustigava seu cavalo.
O caudaloso Nilo fecundante
contribuiu também com muitos homens:
Susícanes, Pegástenes ilustre,
filho do rei Egito[2]; Artames, rei
da sacra Mênfis, e o senhor de Tebas,
cidade muito antiga — Ariomardo —,
e os hábeis navegantes, cujos barcos
avançam rápidos vencendo os pântanos,
constituindo um contingente imenso.
Vinha em seguida a multidão de lídios
voluptuosos, que dominam sós
todos os povos de seu continente.
Artreu e Metrogartes valorosos,
seus régios chefes, e Sárdis dourada
deram-lhes ordens para ir lutar
em carros aos milhares e puxados
por quatro e seis cavalos, agrupados
em esquadrões — insólito espetáculo!
Os reis da região do alto Tmolo[3],
montanha sacra — Táribis e Márdon,
dois baluartes diante da lança[4] —,
alardeavam sua decisão
de impor impiedosamente aos gregos
o jugo da penosa escravidão
valendo-se de seus mísios exímios
no lançamento dos dardos mortíferos.
Da Babilônia, outra cidade áurea,
chegaram multidões de combatentes
em suas naus, soldados orgulhosos
dos arcos que empunhavam com mãos fortes.
À sua retaguarda, recrutados
em toda a Ásia, vinham combatentes
armados com espadas, sempre dóceis
às ordens terminantes de seu rei.
Estava de partida a fina flor

dos guerreiros de todo o império persa,
e por eles chorava a Ásia inteira
repleta de saudade. Pais e esposas
estão aqui contando os muitos dias
e trêmulos com o tempo que se alonga.
Sem dúvida o exército real
já atingiu, devastador, as praias
adversas do continente vizinho,
e pelas longas pontes sustentadas
por fortes cabos rígidos de linho
transpôs o estreito de Hele Atramantida[5],
lançando sua estrada de mil juntas
como se fosse um jugo odioso posto
sobre a cerviz do mar[6]. O impetuoso
imperador da Ásia populosa
levou por duas rotas diferentes
o seu rebanho humano incalculável,
disposto a conquistar o mundo inteiro.
Para guiar o exército e a frota
o descendente da chuva de ouro[7],
mortal igual aos deuses, confiou
em seus intrépidos e rudes chefes.
Brilhava em seu olhar o azul sombrio
do dragão sanguinário; ele movia
braços e naus sem conta, e fustigando
seus corcéis sírios levava ao ataque
heróis que a lança de Ares, detentor[8]
do arco vencedor, glorificava.
E quem conseguiria enfrentar
aquele irresistível fluxo humano?
Seria o mesmo que tentar conter
o ímpeto fortíssimo dos mares
com anteparos, mesmo os mais sólidos!
O exército da Pérsia é invencível
como seu povo de ânimo valente.
O destino fixado pelos deuses
para nós, persas, desde a antigüidade,
envolve-nos em guerras sucessivas,
em que as muralhas altas desmoronam,
os cavaleiros chocam-se lutando
e são aniquiladas as cidades.
Mas nossos nautas também aprenderam

nas amplas rotas que o vento veloz
cobre de espuma alva, a observar
a vastidão do sacrossanto mar,
confiantes em suas boas cordas
e em suas numerosas invenções,
que lhes permitem transportar os homens.
Mas a angústia enluta e dilacera
as nossas almas. "Ai! Guerreiros persas!",
eis o lamento que irá chegar
dentro de pouco tempo à nossa terra,
à cidade magnífica de Susa,
vazia de seus filhos incontáveis!
Será ouvida a resposta dos císsios
em sua cidadela: "Ai!". É isso
que um dia gritará a multidão
confusa das mulheres, cujas mãos
irão rasgar seus vestidos de linho.
Ah! Toda uma população de infantes
e cavaleiros teve de partir
como se fosse uma nuvem de abelhas,
seguindo o condutor de nossas forças.
Eles cruzaram os dois promontórios[8a]
atualmente unidos e comuns
aos continentes antes separados.
Os leitos nupciais hoje transbordam
de lágrimas de esposas solitárias
saudosas dos maridos que se foram.
Cada mulher daqui viu a partida
de seu consorte cheio de coragem,
e lânguida de uma tristeza intensa
por ter ficado aqui sem seu amado
está sofrendo a dor da solidão.
Vamos sentar-nos, persas, nos degraus
deste palácio antigo e procuremos
algum conselho sábio e ponderado;
necessitamos dele, pois queremos
saber o que acontece no presente
com o rei Xerxes, filho de Dario,
o mais nobre varão de nossa raça
e detentor do nome dos avós.
Estará triunfando o arco tenso
ou será vencedora finalmente

a fina ponta férrea da lança?
Mas vemos caminhando para cá
a mãe do grande rei, nossa rainha,
como se fosse a intensa claridade
vinda dos olhos dos augustos deuses.
Prosternemo-nos todos, reverentes,
prestando-lhe as devidas homenagens.

Os Fiéis do CORO *prosternam-se. Aparece* ATOSSA, *de pé em um carro, seguida por um cortejo numeroso.*

CORIFEU

Salve, rainha, mais que todas venerada
entre as mulheres persas de cintura fina,
idosa mãe de Xerxes, mulher de Dario!
Foste a companheira de leito de um deus persa
e mãe de outro deus — se nossa antiga sorte
não nos decepcionar, a nós e a nosso povo!

ATOSSA

Acabo de sair de meu palácio ornado
de ouro, abandonando a alcova onde dormi
durante muito tempo com o rei Dario.
Eu também sinto agora a preocupação
despedaçar meu coração, e é a vós,
fiéis amigos, que desejo dizer tudo
neste momento, pois o temor se aproxima.
Receio que nossa riqueza, hoje tão grande,
desapareça e se transforme toda em pó
no piso do edifício de felicidade
que um deus, sem dúvida, ajudou o rei Dario
a construir. Também uma angústia indizível
retém meus pensamentos entre dois perigos;
sem homens para defendê-los, aos tesouros
faltam as homenagens e todo o respeito
da multidão, da mesma forma que um homem
privado de riqueza não pode brilhar
com o esplendor proveniente do poder.
Se estão intactos os tesouros no palácio
temo por nossos olhos, pois tenho certeza

de que a presença do senhor é a visão
de sua casa. Convencei-vos sem delongas
desta verdade; só assim sereis capazes
de esclarecer-me sobre os acontecimentos,
persas idosos, sustentáculos fiéis.
Espero ouvir de vós conselhos proveitosos.

CORIFEU

Confia em nós, rainha deste enorme império;
não terás de reiterar as tuas ordens,
seja em palavras claras, seja em simples gestos,
enquanto for possível dar-te bons conselhos.
Sabes que falando conosco te diriges
a conselheiros cheios de boa vontade.

ATOSSA

Passo todas as noites entre muitos sonhos
desde que, preparando seu enorme exército,
meu filho foi embora para devastar
a Grécia inteira; nenhum deles, todavia,
veio-me à mente com clareza comparável
à do que tive na noite passada; escuta.
Em pleno sono pareceu-me distinguir
duas mulheres de feições muito agradáveis;
uma delas vestia-se à maneira persa
e a outra usava trajes obviamente dórios;
ambas eram mais altas que as mulheres de hoje,
e diferiam destas tanto pelo porte
como pela beleza sem qualquer defeito.
Eram irmãs do mesmo sangue mas moravam
em pátrias afastadas, uma lá na Grécia,
que lhe coube por sorte, e a outra em terra bárbara.
A mim me pareceu que as duas discutiam;
meu filho, percebendo o fato, quis contê-las,
tentando pôr arreios no pescoço delas.
Uma envaidecia-se desses petrechos
e oferecia a boca docilmente ao freio,
enquanto a outra debatia-se e afinal
despedaçava com ambas as mãos o arreio
com que Xerxes queria atrelá-la ao carro,

tirando-o de si com toda a sua força;
pouco tempo depois ela rompeu a brida,
partindo finalmente o jugo em dois pedaços.
Nesse momento meu filho caiu; seu pai,
penalizado, apareceu ao lado dele;
vendo-o, Xerxes começou a destruir
os trajes régios que lhe cobriam o corpo.
Agora conheceis minhas visões noturnas.
Deixei o leito e fui lavar as mãos num córrego
de águas puras; saturei-as de oferendas
e aproximei-me de um altar; lá consagrei
o bolo ritual aos deuses protetores,
prestando-lhes as homenagens merecidas.
Vi em seguida uma águia que fugia
no rumo de um sacrário de Febo divino[9].
Parei, muda de espanto, mas no mesmo instante
diante de meus próprios olhos um falcão
apareceu no céu em largos movimentos
de suas asas rápidas, e com as garras
pôs-se a dilacerar a cabeça da águia,
que mal podia defender-se com o corpo.
Essa visão foi dolorosa para mim,
e ouvir a minha narração deve assustar-vos.
Sabeis sem dúvida que se meu nobre filho
for contemplado pela sorte será tido
como um herói inigualável; se, ao contrário,
for derrotado, não terá satisfações
a dar aos súditos, e se puder voltar
será ainda o soberano desta terra.

CORIFEU

Não desejamos assustar-te, mãe de Xerxes,
nem te animar; dirige-te primeiro aos deuses;
invoca-os como devota e suplicante
e pede-lhes, já que tiveste uma visão
terrificante, para afastarem de ti
sua consumação e dar-te só o bem
para ti mesma e para teus entes queridos,
para teu reino e para tudo que te é caro.
Depois terás de lançar libações à terra,
e aos mortos; prosseguindo, cumpre-te implorar

a teu esposo morto — ao grande rei Dario —,
visto por ti, segundo dizes, em teus sonhos,
que vos proporcione apenas alegrias,
a ti e a Xerxes, nosso rei, dia após dia;
suplica-lhe também que guarde para sempre
nas trevas subterrâneas males e desditas,
desfeitos para todo o sempre. Eis o que eu,
profeta sempre obediente ao coração,
do fundo de minha alma te aconselho agora;
façamos votos para a realização
dos bons presságios, sempre para nosso bem.

ATOSSA

Não tenho dúvidas; tua afeição a Xerxes
e à minha casa leva-te a interpretar
meu sonho antes de outros profetas e emitir
tuas opiniões. Seja-nos favorável
o desenlace disso tudo! Determino
que em tudo prevaleçam meus próprios desejos
a respeito dos deuses e de nossos mortos
após o meu regresso ao palácio real.
Antes, porém, amigo, quero esclarecer
algumas dúvidas; em que lugar da terra
Atenas está situada? Dir-me-ás?

CORIFEU

Lá no poente, muito longe, onde se oculta
o soberano sol no fim de cada dia.

ATOSSA

Meu filho tinha a intenção de conquistá-la?

CORIFEU

A Grécia inteira, então, curvar-se-ia a Xerxes.

ATOSSA

E seu exército dispõe de muitos homens?

CORIFEU

Ele tem sido um grande estorvo para os persas.

ATOSSA

De que outros recursos Atenas dispõe?

CORIFEU

De prata, um tesouro guardado sob a terra[10].

ATOSSA

Há nas mãos deles flechas que vergam os arcos?

CORIFEU

Não; há somente espadas para o corpo-a-corpo
e escudos carregados por braços possantes.

ATOSSA

E que rei e senhor lhes serve de cabeça
e comandante de todos os combatentes?

CORIFEU

Eles não são escravos de ninguém, nem súditos.

ATOSSA

E como enfrentariam eles o inimigo?

CORIFEU

Com bravura bastante para destruir
o imenso e imponente exército de Xerxes.

ATOSSA

Ah! Que palavras dizes? Angústia terrível
para as aflitas mães dos expedicionários!...

CORIFEU

Vendo um mensageiro aproximar-se.

Creio que sem maior demora saberás
da verdade completa. Está chegando um homem;
pela maneira de correr parece persa.
Ele deve trazer-nos fatos, bons ou maus.

Entra o MENSAGEIRO.

MENSAGEIRO

Cidades asiáticas inumeráveis!
Solo da Pérsia, berço de riqueza imensa!
Um golpe único extinguiu há pouco tempo
toda a nossa felicidade ilimitada!
Foi abatida e destruída a flor da Pérsia!
Já é um infortúnio ter de anunciar
primeiro uma calamidade. É meu dever
expor diante de vós todos, nobres persas,
a nossa desventura enorme, indescritível:
o exército dos bárbaros já não existe!

CORO

Horríveis, sim, horríveis sofrimentos!
Dilacerantes, imprevistos males!
Ai! Ai de nós! Chorai, persas, chorai,
ouvindo esta mensagem lancinante
imersos numa dor desmesurada!

MENSAGEIRO

Sim, soluçai, pois todos os vossos soldados
mandados para a guerra foram dizimados!
Eu mesmo, que vos vejo agora, regressei
contrariando a minha própria expectativa,
pois já não me animava a mínima esperança
de ver brilhar o dia do retorno à pátria.

CORO

Ah! É longa demais a existência
que deixa os velhos como nós ouvirem
esta notícia atroz, surpreendente!

MENSAGEIRO

É como testemunha, e não repetidor
de palavras alheias que vou relatar-vos
os golpes desferidos contra nós na Grécia.

CORO

Ai! Ai! Então foi sem proveito algum
que tantas armas de todos os tipos
passaram deste chão de nossa Ásia
para um solo inimigo na Europa!

MENSAGEIRO

Amontoados, os cadáveres dos persas
tão infelizes cobrem neste instante a areia
de Salamina e das localidades próximas!

CORO

Ai! Ai! Fazes-nos ver nossos amigos
sendo levados ao sabor das ondas
nas praias onde o mar cobre e descobre
continuamente os corpos já sem vida,
movendo-os para um lado e para o outro!

MENSAGEIRO

Não nos valeram nossos arcos retesados
e todo o nosso exército foi esmagado
no choque entre as trirremes dos gregos e persas.

CORO

Tentemos entoar um canto lúgubre

em queixa triste sobre nossa dor.
Os deuses se esmeraram desta vez
para que os males todos desabassem
impiedosamente sobre os persas
— ai! — sobre nosso exército vencido!

MENSAGEIRO

Ai! Nome penoso de ouvir! Ai! Salamina!
Quantos soluços me custa lembrar de Atenas!

CORO

Ai! Sim! Atenas é um nome amargo
de recordar em nossa desventura!
Temos motivos desde este momento
para pensar, e muito, nela; Atenas
fez de milhares de mulheres persas
— por quê? — viúvas e mães sem seus filhos!

ATOSSA

Que permanecera em silêncio e meditativa.

Fiquei silenciosa durante algum tempo
— ai, ai de mim! — aniquilada pela dor.
Este desastre indescritível é tão grande
que não nos dá ensejo para uma palavra,
uma pergunta sobre nossas provações.
Mas nós, simples mortais, devemos suportar
os golpes infligidos pelas divindades.

Dirigindo-se ao MENSAGEIRO.

Descreve, então, a nossa desventura toda
e por mais que te aflijam nossos infortúnios
revela-nos os nomes dos sobreviventes
entre os briosos chefes dos soldados persas
e ainda os daqueles que vamos chorar
porque, postos nas posições determinadas
pelo chefe supremo, detentor do cetro,
deixaram ao morrer o seu lugar vazio.

MENSAGEIRO

Quanto ao rei Xerxes, ele vive e vê o sol.

ATOSSA

Como é brilhante a luz com que tuas palavras
inundam meu palácio! Elas são comparáveis
ao dia claro após a tenebrosa noite!

MENSAGEIRO

Mas Artembares, comandante há pouco tempo
de dez mil cavaleiros, neste mesmo instante
é um cadáver que se choca nos rochedos
da costa de Silênio[11]. Dadaques, chefe
de mil infantes embarcados, atingido
por uma lança curta desequilibrou-se
e se precipitou do alto da trirreme
em que mandava. Tenagon, o bactriano
valente e nobre, agora poderá ser visto
em Salamina[12] fustigado pelas ondas.
Lileu, Arquestes e mais outro persa — Arsames —
estão talvez em volta da ilha das pombas[13]
ou atritando suas frontes derrotadas
na areia áspera. E os bravos ribeirinhos
do Nilo egípcio — sim, Farnuco, o detentor
de um excelente escudo, além de Arteu e Adeues —
precipitaram-se da mesma nau no mar.
E Nátalo, de Crise, bravo comandante
de dez mil combatentes, viu, já moribundo,
a sua longa barba muito espessa e ruiva
mudar de cor banhada em seu próprio sangue.
O mago Árabo[14] e o bactriano Artanes,
dois chefes de trinta mil cavaleiros negros,
estão imóveis para sempre no chão áspero
onde perderam suas vidas. E morreram
Amistres e Anfisteu, brandindo sem parar
as armas, incansáveis, e o destemeroso
Ariomardo, deixando Sárdis de luto;
e o mísio Seisamenes e o valente Táribis,
enquanto comandavam suas muitas naus

— duzentas e cinqüenta —, ótimos guerreiros
que viram Lirna ser fundada, foram mortos
— coitados! —, vítimas dos golpes do destino;
Siênesis[15], primeiro entre todos os bravos,
à frente dos cilícios teve morte honrosa
após causar mil baixas a seus inimigos
sem receber ajuda alguma. Estes são
os comandantes de quem me recordo agora.
Mas nossos infortúnios são inumeráveis
e meu relato é um simples resumo deles.

ATOSSA

Falas-me neste instante de males enormes,
vergonha para a Pérsia e razão bastante
para soluços estridentes. Mas prossegue
e dize-me quantas naus tinham os helenos
para se decidirem a entrar em luta
contra os inúmeros e combativos persas
e provocar o ousado embate das trirremes.

MENSAGEIRO

Se nós falássemos apenas de seu número
dirias que a vitória seria dos bárbaros;
de fato, as naus dos gregos somavam trezentas,
mais dez deixadas de reserva. É notório
que Xerxes, em contraste, estava comandando
a sua frota de mil naus, sem computarmos
as galeras mais leves, cuja quantidade
chegava a duzentas e sete. A proporção,
rainha venerável, era esta. Achas
que ela nos desfavoreceu? De forma alguma!
Foi algum deus, sem dúvida, o destruidor
de nossa imensa frota, ao desequilibrar
os pratos na balança de nosso destino.
Atenas teve a proteção dos imortais[16].

ATOSSA

Está intacta a terra dos atenienses?

MENSAGEIRO

Enquanto os defensores estiverem firmes
ninguém conquistará os baluartes sólidos.

ATOSSA

Mas, qual foi o sinal de luta para as frotas?
Revela-me: quem deu a ordem de atacar?
Os gregos ou meu filho Xerxes, confiante
no número superior de suas naus?

MENSAGEIRO

Iniciou a nossa perdição, senhora,
algum espírito perverso ou deus maligno
vindo não sei de onde. Vou contar-te os fatos.
Um grego, com sua armadura ateniense,
veio dizer a Xerxes que quando caíssem
as trevas da noite soturna, as forças gregas
desistiriam de enfrentar os atacantes
e ocupando seus bancos nas trirremes rápidas
se esforçariam por salvar-se, cada um
como pudesse, numa fuga inesperada.
Depois de ouvir essa notícia o rei Xerxes,
sem suspeitar de uma atitude astuciosa,
mandou aos chefes de todas as suas naus
a seguinte mensagem: quando o sol poente
já não tivesse luz para aquecer a terra
com seus raios e as sombras se disseminassem
pelo alto éter consagrado, os comandantes
teriam de alinhar quase todas as naus
em três fileiras, no intuito de fechar
saídas e passagens; as naus reservadas
patrulhariam a ilha de Salamina[17].
E mais: se os gregos conseguissem escapar
da morte desastrosa e achassem no mar
alguma rota de evasão, os responsáveis
seriam degolados. Assim falou Xerxes.
Um coração feroz ditou-lhe tais palavras
sem ter a mínima noção, naquele instante,
da sorte amarga que os deuses lhe reservavam.

Em ordem, docilmente os persas prepararam
a sua refeição noturna; cada nauta
prendeu o remo à cavilha que o suportava;
na hora de extinguir-se a luz do dia claro
e de chegar a noite, os fortes remadores
subiram para suas respectivas naus
em companhia de todos os combatentes.
Cada um em seu banco, eles se encorajavam
nas longas naus, e cada um movimentava-se
onde devia, e durante toda a noite
os comandantes incansáveis ordenavam
que as naus singrassem incessantemente o mar.
Passou-se a noite inteira sem que a frota grega
tentasse a fuga; quando o sol apareceu
com seus alvos corcéis disseminando a luz
sobre a mãe-terra se elevou subitamente
um alarido modulado como um hino
vindo de onde se achava ainda a frota grega,
enquanto o eco repetia nos rochedos
de Salamina os acordes estrepitosos.
O terror apossou-se de todos os bárbaros,
frustrados em suas fugazes esperanças;
de fato, não era para fugir que os gregos
estavam entoando hinos retumbantes,
e sim para empenhar-se numa luta árdua,
cheios de confiança e combatividade;
o som vibrante das trombetas comandava
a sua formação; os remos ruidosos
desciam e subiam nas águas profundas
cadenciadamente, e já eram visíveis
todas as naus dos gregos aos nossos olhares.
A ala destra se alinhou para avançar
na frente, em boa ordem. Sem maior demora
a frota inteira evoluiu e deslocou-se,
e se podia ouvir, perto de nossas naus,
um veemente apelo: "É tempo de atacar,
filhos da Hélade! Salvai a nossa pátria!
Salvai vossas crianças e vossas mulheres,
os santuários dos deuses de vossos pais
e as sacras sepulturas de vossos avós!
Chegou a hora do combate decisivo!"
Do nosso lado ouvia-se um clamor confuso

em língua persa, pois era tarde demais.
As naus de ambos os lados já se entrechocavam,
e colidiam as proas de bronze duro.
Uma nau grega deu sinal para a abordagem
e em pouco tempo destruiu os ornamentos
da popa de uma nau fenícia, enquanto as outras
lançavam-se contra as trirremes inimigas.
As incontáveis naus dos persas a princípio
tentaram resistir, mas de tão numerosas
abalroavam-se no espaço reduzido
onde umas não podiam socorrer as outras.
Nos choques frente a frente as proas se partiam,
embora fossem protegidas pelo bronze;
os tripulantes persas viam, impotentes,
o rompimento dos suportes de seus remos;
então as trirremes dos gregos envolveram
com grande habilidade as nossas próprias naus
e se lançaram contra elas atingindo-as;
os cascos se partiam; não se via o mar,
coberto pelo amontoado de destroços
e por tantos cadáveres ensangüentados.
As praias e os escolhos estavam repletos
de corpos de homens nossos mortos em combate;
em face do desastre enorme, os tripulantes
das poucas naus dos persas inda em condições
de navegar, com toda a força de seus remos
fugiram em desordem pelo mar afora,
enquanto os gregos, como se seus adversários
fossem atuns ou peixes outros, golpeavam,
matavam a pancadas com restos de remos
e com outros destroços de qualquer espécie!
Ouviam-se no mar queixumes misturados
com soluços sentidos até o momento
de aparecer a noite com seu rosto negro
para sustar o morticínio; quanto ao número
de nossas perdas, inda que me fossem dados
dez longos dias para completar a conta
não poderia concluí-Ia. Vou dizer-te:
nunca morreram tantos homens num só dia!

ATOSSA

Ai! Ai de mim! Que mar de males transbordou
sobre nós, persas, e sobre todos os bárbaros!

MENSAGEIRO

Fica sabendo: não te relatei sequer
metade de todas as nossas desventuras.
Caiu sobre nossos soldados um desastre
insuportável, duas vezes mais funesto
que os males conhecidos por nossa rainha!

ATOSSA

Que mal ainda mais cruel pode existir?
Dize-me, então: está faltando a descrição
de outras desditas que atingiram nossas forças
para aumentar o peso de tantas desgraças?

MENSAGEIRO

Persas sem número inda cheios de vigor,
e dos melhores pela grande valentia,
além de distinguidos por seu nascimento
e por sua constante lealdade ao rei,
deixaram de existir, vencidos e humilhados,
vítimas lamentáveis de morte infamante.

ATOSSA

Ai! Infeliz de mim! Que sorte impiedosa
a minha, amigos!... Mas, como eles pereceram?

MENSAGEIRO

Em frente a Salamina há uma ilha estreita
e sem ancoradouro, mas com uma praia
onde sempre aparece Pan, o deus dos coros.
Xerxes mandou inúmeros e nobres persas
ficarem lá, imaginando que, se náufragos
das forças inimigas fossem para a ilha,

nossos soldados poderiam massacrá-los,
vencendo-os facilmente ali e até poupando
as nossas tropas da fadiga de lutarem
contra as fortíssimas correntes oceânicas.
Mas mal prevíamos o que estava por vir!
De fato, uma vez tomada a decisão
da vitória dos gregos pelas divindades,
eles, no mesmo dia, após encouraçar
seus peitos com malhas de bronze, decidiram
desembarcar de suas naus para envolverem
a ilha inteira. Isto feito, os persas todos
deixados lá não sabiam sequer — coitados! —
o que fazer; de início, milhares de pedras
lançadas pelas mãos dos gregos abatiam-nos,
enquanto as flechas disparadas pelos arcos
levavam morte certa a nossos companheiros.
Enfim, saltando num impulso impetuoso
os gregos atingiam e dilaceravam
os corpos dos opositores infelizes
até vê-los sem vida. Alucinado, Xerxes
gritava interminavelmente, lamentando-se
diante daquela matança comovente.
De uma colina alta na orla marítima
o rei descortinava todo o seu exército;
ele rasgou as vestes enquanto se ouviam
seus agudos soluços e subitamente
gritou aos comandados salvos da matança
as derradeiras ordens, dando então início
a uma fuga inopinada e delirante.
Esse foi o desastre que veio juntar-se
ao outro, para alimentar os teus gemidos.

ATOSSA

Ai! Sorte adversa a nossa! Quantas decepções
causaste ao povo persa em sua expectativa!
Meu filho está pagando um preço muito alto
pelo castigo que tinha intenção de impor
à ilustre Atenas, ele, que bem poderia
dar-se por satisfeito com o sacrifício
de numerosos bárbaros em Maratona.
Ele nutria a esperança de vingar-se

mas com sua cilada conseguiu apenas
ser vítima de uma seqüência de infortúnios.
Mas, dize-me: onde deixaste as poucas naus
a duras penas salvas do desastre enorme?
Serás capaz de responder-me exatamente?

MENSAGEIRO

Não posso; os comandantes dessas naus poupadas
aproveitando bem os ventos favoráveis
empreenderam uma fuga alucinante.
Os soldados restantes desapareceram
no solo da Beócia; alguns, perto das fontes
frescas e límpidas, sofreram com a sede,
enquanto outros, claudicantes e sem fôlego,
morreram no caminho; poucos entre muitos
puderam atingir a terra dos foceus
e a Dórida; continuando a caminhar,
viram enfim as águas do golfo Malíaco,
perto da região onde o rio Esperqueio
com águas benfazejas banha uma planície.
Tanto as cidades téssalas como a Acaia
nos viram de passagem, carentes de víveres,
e alguns soldados nossos faleceram lá
de sede e fome (enfrentamos os dois males
ao mesmo tempo!). Prosseguindo, eles chegaram
ao país dos magnetes e à Macedônia,
ao curso do rio Áxio e em seguida
a Bolbe, onde viram os riachos típicos
com suas margens cheias de viçosos juncos,
e enfim à terra dos edônios e ao Pangeu[18].
Na noite de nossa chegada um deus mandou
um rigoroso inverno antes do tempo certo,
gelando inteiramente o Estrímon, rio sacro[18a],
Ali alguns de nossos homens, descuidosos
até então da reverência aos deuses pátrios,
faziam preces e promessas, adorando
o céu e a terra. Feitas as invocações,
as nossas tropas começaram a cruzar
o rio em parte congelado, mas somente
aqueles entre nós que o transpuseram antes
de os raios do divino sol se difundirem

pela mãe-terra, afinal sobreviveram.
De fato, as setas luminosas do astro-rei
puderam atingir o coração do rio,
fundindo assim as águas solidificadas,
e os persas se afogaram uns depois dos outros
(felizes os que perderam mais cedo a vida!).
Salvos da morte, os soldados sobreviventes
após uma penosa e lenta travessia
do território trácio afinal reviram
a pátria e os seus lares para convidar
a Pérsia atônita a gemer e soluçar
por sua juventude intensamente amada
que havia muito tempo deixara seu solo.
Eis a crua verdade; minha narração
deixou de mencionar inúmeras desgraças
entre tantas que o céu impôs ao povo persa.

Sai o MENSAGEIRO.

CORIFEU

Ah! Divindades portadoras de infortúnios!
Com que peso caístes sobre nossa raça!

ATOSSA

Ai! Ai de mim, desventurada! Nosso exército
foi totalmente aniquilado pelos gregos!
Visão claríssima de meus sonhos noturnos,
foste verídica mostrando-me esses golpes!

Dirigindo-se aos anciãos do CORO.

Mas, já que vossa hipótese foi confirmada,
quero primeiro dirigir preces aos deuses;
depois trarei de meu palácio uma oferenda
satisfatória à terra e aos parentes mortos.
Sei que são fatos consumados, anciãos,
mas o futuro ainda pode reservar-nos
sorte melhor. E quanto a vós, deveis trazer
opiniões sinceras aos superiores
também sinceros. Se meu filho regressar

antes de meu retorno, tentai consolá-lo,
levai-o a seu palácio, pois receio muito
que venha acrescentar-se às nossas desventuras
mais uma desventura nestas circunstâncias[19].

Sai ATOSSA *com seu cortejo.*

CORO

Chegou a hora, soberano Zeus,
em que, desbaratando inteiramente
o exército dos persas altaneiros
e incontáveis, amortalhas Susa
e Ecbátana num tenebroso luto.
Rasgam seus véus inúmeras mulheres
com suas delicadas mãos e molham
os seios com seu pranto interminável
causado pela dor que as atingiu.
Inconsoláveis, as esposas persas
choram dolentemente pelos homens,
seus jovens companheiros, despedindo-se
do leito recoberto, agora triste,
ainda rescendente de volúpia,
de juventude e da vida faustosa,
e exprimem com soluços incessantes
seu luto inconsolável para sempre.
Nós, anciãos, lamentamos aqui
a morte dos que nunca voltarão,
motivo de incontáveis sofrimentos.
Neste momento a Ásia inteira geme
sentindo-se vazia de seus filhos.
Xerxes levou-os — ai de nós, levou-os! —
à perdição! Xerxes foi louco em tudo,
ele com as galeras preparadas
para singrar os mares. E Dario
foi tão bondoso para com seus súditos,
ele, o archeiro exímio, chefe amado
de Susiana[20]! Infantes e marujos,
como num vôo rápido de pássaros
vestindo roupas de um azul profundo,
as naves os levaram — ai de nós! —,
e foram sua perdição — coitados! —,

as naves de abordagens desastrosas
(ah! Naus e braços fortes dos iônios!).
O próprio rei, de acordo com o relato,
conseguiu escapar a duras penas
pelos caminhos hibernais abertos
nas campinas da Trácia; os outros, vítimas
da sorte adversa que os feriu primeiro,
flutuam ao sabor do mar em volta
dos promontórios do herói Cicreu.
Tudo é motivo para mais lamentos!
Gemem os nossos corações feridos
levando até o céu tristeza imensa
no som de nossas vozes estridentes
cheias de dor! Tratados cruelmente
pelas ondas do mar — ai, ai de nós! —
nossos soldados são dilacerados
pelos filhos sem voz do Incorruptível[21]
enquanto estão de luto tantos lares
pelos seus habitantes falecidos;
os pais idosos, hoje sem seus filhos,
gritam feridos pelo sofrimento
e aprendem nesta época da vida
a conhecer a mágoa desmedida!
Durante muito tempo, aqui na Ásia
homem nenhum irá obedecer
às leis dos persas; ninguém pagará
tributos decretados pelo império;
não mais se cairá ajoelhado
na hora de escutar as injunções;
o grande rei já não tem força alguma!
Não haverá mais restrições no império
a qualquer manifestação verbal,
pois um povo liberto dos grilhões
passa a falar como melhor lhe apraz
logo que a força bruta chega ao fim.
Batida pelas ondas, Salamina[22]
guarda em seu solo ainda ensangüentado
o mausoléu do extinto império persa!

A cena transfere-se para a frente do túmulo de DARIO. Reaparece ATOSSA, agora a pé e vestida com simplicidade, seguida por algumas escravas portando oferendas. No local já estão os anciãos do CORO.

ATOSSA

Quem já provou a desventura, amigos meus,
sabe que desde o dia do aparecimento
de uma vaga de males as pessoas sentem
um medo permanente, enquanto se o destino
lhes traz prosperidade elas passam a crer
que os ventos portadores da felicidade
hão de soprar eternamente. Para mim,
hoje tudo é assustador e vejo apenas
os deuses demonstrando a sua hostilidade;
ouço um clamor destituído de harmonia
e nada sinto além desta consternação
diante das notícias más que me apavoram.
Volto por isso do palácio para cá,
sem carro e sem o fausto dos dias passados,
querendo apenas levar ao pai de meus filhos
as libações capazes de agradar aos mortos
como oferendas de meu grande amor por ele:
o leite de uma vaca nunca poluída
pelo odioso jugo, o mel brilhante feito
pela aproveitadora de todas as flores,
além de água corrente de uma fonte virgem;
trago também este licor puro e alegre,
filho de mãe selvagem — de uma vinha antiga —,
e este fruto oloroso e louro da oliveira
e flores em guirlandas, dons da terra fértil.
Levemos, meus amigos, estas libações
oferecidas a nossos mortos queridos;
cantai os vossos hinos, evocai Dario,
o rei divino, enquanto eu mesma estou prestando
aos deuses infernais as minhas homenagens
que nossa terra generosa beberá.

CORO

Entrega, então, senhora e soberana
idolatrada pelos persas todos,
sem mais demora as santas libações
às sombras nas paragens de além-túmulo;
nossos hinos dolentes pedirão
a todas elas que sejam clementes

nas profundezas máximas do inferno.
Sagradas divindades abismais,
Hermes e Terra! Ouvi-nos e deixai[23]
que a alma deste morto volte à luz[24]
Se ela conhece mais que todos nós
a cura para as nossas desventuras,
unicamente dela saberemos
quando, afinal, elas terminarão.

O CORO *inicia a evocação da alma de* DARIO, *intercalada com gritos estridentes. Os anciãos do* CORO *batem no peito com as mãos e as entrechocam.*

CORO

Ouve-nos, rei finado, igual aos deuses!
Escuta nosso brado em língua bárbara
familiar a teus ouvidos régios,
nossos apelos soluçantes, lúgubres,
onde se mesclam os tons variados
de todos os queixumes! Gritaremos
nossos infindos sofrimentos! Ouve-nos
nas profundezas do mundo das sombras!
Ah! Terra e potestades infernais!
Deixai sair de vosso reino escuro
o ser divino e excelente, o deus
nascido em Susa, sempre venerado
por todos os seus incontáveis súditos.
Guiai em direção à luz aquele
que nunca, em tempo algum foi igualado
por qualquer homem na terra dos persas!
Querido foi o grande herói; querido
é seu sepulcro e é também querida
a alma que ele encerra para sempre!
Faze, Aidoneu[25], voltar à luz o rei,
Dario incomparável, que jamais
levou à morte seus bravos soldados
por causa de derrotas homicidas!
Os persas o chamavam de inspirado
pelos bons deuses, e era como tal
que ele guiava da melhor maneira
o seu exército nunca vencido!

Monarca antigo! Ah! Monarca antigo!
Vem, aparece logo aos nossos olhos
por cima de teu túmulo! Aproxima-te!
Eleva sobre a lápide teus pés
calçados nas sandálias coloridas
com açafrão! Faze também luzir
aos nossos olhos a tiara régia!
Vem, pai boníssimo! Vem, rei Dario!
Vem para ouvir fatos inusitados,
males inomináveis! Aparece-nos,
senhor de Xerxes, o nosso senhor!
Encobre-nos uma treva infernal,
pois pereceu a juventude persa!
Vem, pai benigno! Vem, Dario! Vem!
Ai!... Ai!... Ai, morte muito lamentada
por teus amigos com amargas lágrimas!
Por que, meu rei, por que, meu rei Dario,
estes desmesurados erros gêmeos?
Ai! Erros duplamente lamentáveis!
Perderam-se todas as nossas naus
de três filas de remos, nossas naus
que nunca, nunca mais navegarão!

Aparece o FANTASMA DE DARIO *por cima do túmulo.*

FANTASMA DE DARIO

Fiéis entre os fiéis, amigos, companheiros
de minha juventude, veneráveis persas!
Minha cidade! Ah! Quanto sofres! Quanta dor!
Ela gemeu, feriu o peito, o solo abriu-se!
Já posso ver a minha esposa em frente ao túmulo;
alarmo-me e recebo suas libações
com o coração aberto. E vós vos lamentais
em volta desta sepultura; vossas queixas
em altos brados são apelos comoventes
que se misturam a invocações aos mortos.
Mas é muito difícil retornar do inferno,
principalmente porque os deuses poderosos
das profundezas são mais aptos a prender
que a libertar. Tive portanto de alegar
a minha fama gloriosa e eis-me aqui,

porém por pouco tempo. Então dizei depressa
para evitar ressentimento ou queixas vossas:
que insólitas desgraças pesam sobre os persas?

CORO

Não ousaremos ver-te nem falar-te
olhando-te de frente, pois inibe-nos
a reverência antiga, nosso rei.

FANTASMA DE DARIO

Expus-me à plena luz do dia em atenção
às vossas súplicas; renunciai, então,
a circunlóquios causadores de demoras.
Deixai de lado a submissão dos tempos idos
em relação a mim e revelai depressa
tudo que estais trazendo ao meu conhecimento.

CORO

Ainda temos medo de falar-te;
preferiríamos não dirigir
palavras dolorosas ao amigo.

FANTASMA DE DARIO

Dirigindo-se a ATOSSA.

Antiga companheira de meu leito régio:
se a reverência de outros tempos inda inibe
a alma de teus conselheiros, teu dever,
insigne esposa minha, é conter as lágrimas
e teus soluços e contar toda a verdade.
Seres humanos são sujeitos a desditas;
inúmeras desgraças chegam-nos do mar,
inúmeras saem da terra para os homens
cuja vida se prolongou por muito tempo.

ATOSSA

Tua ventura ultrapassou a boa sorte

de todos os mortais; viste os raios do sol
por muitos anos e tua longa existência
foi invejada pelos homens, testemunhas
de uma vida feliz, igual à dos bons deuses.
E quantos persas se dariam por ditosos
se tivessem morrido, como tu, Dario,
antes de abrir-se para nós o imenso abismo
de nossas dores! Serei breve, como queres:
o poderio persa não existe mais!

FANTASMA DE DARIO

Que dizes? Foi a peste ou a guerra civil
que se abateu, cruel, sobre um império enorme?

ATOSSA

Nem uma, nem a outra, mas perto de Atenas
todos os nossos combatentes pereceram.

FANTASMA DE DARIO

Qual de meus filhos decidiu-se pela guerra?

ATOSSA

O impetuoso Xerxes, que deixou sem homens
todas as regiões de nosso continente.

FANTASMA DE DARIO

Foi por terra ou por mar que Xerxes se atreveu
a cometer essa loucura inominável?

ATOSSA

Teu filho decidiu-se por ambas as rotas;
ofereceram dupla frente as duas forças.

FANTASMA DE DARIO

E como atravessou o mar o nosso exército?

ATOSSA

Valendo-se de mecanismos engenhosos,
como se fosse impor um jugo desonroso
unindo as duas margens do agitado Heléspponto;
E ele fez uma ponte para seus soldados.

FANTASMA DE DARIO

Xerxes fez isso? Ousou ligar os continentes?

ATOSSA

Fez, sim; um deus turbou-lhe a mente, com certeza.

FANTASMA DE DARIO

Um poderoso deus, capaz de transtorná-lo!

ATOSSA

Triste desfecho!... Quanto mal ele causou!...

FANTASMA DE DARIO

Conta-me as provações dos expedicionários,
causa de dor sem fim em todo o império persa.

ATOSSA

Nossas forças navais foram aniquiladas
e com elas perderam-se as forças terrestres.

FANTASMA DE DARIO

Foi tão feroz a luta a ponto de levar
um país como o nosso à extinção total?

ATOSSA

As perdas foram a tal ponto numerosas
que Susa inteira chora seus varões extintos...,

FANTASMA DE DARIO

Ai! Ai de nós! Perdemos um imenso exército,
o sustentáculo de nossa segurança!...

ATOSSA

... pois todo o povo bactriano sucumbiu[26]
e nunca mais teremos anciãos fiéis...

FANTASMA DE DARIO

Ah! Infeliz! De quantos homens inda jovens
Xerxes privou nossos prestantes aliados!

ATOSSA

... e ele, a crer nos mensageiros, solitário,
abandonado com escassos companheiros...,

FANTASMA DE DARIO

Em que lugar e de que modo consumou-se
o seu destino? Existe a mínima esperança
de salvação para meu filho neste transe?

ATOSSA

... deve sentir-se alegre por estar de volta
ao ponto em que ele mesmo uniu os continentes.

FANTASMA DE DARIO

Então ele chegou à Ásia vivo? É certo?

ATOSSA

Sim; quanto a isto, alguns relatos fidedignos
comprovam esse fato sem dúvida alguma.

FANTASMA DE DARIO

Confirmam-se depressa os divinos oráculos,

e Zeus lançou do céu sobre meu pobre filho
a realização de antigas profecias.
Eu me vangloriava de que nossos deuses
concederiam o transcurso prolongado
de dias incontáveis para consumá-las,
mas quando um dos mortais empenha-se em perder-se
as divindades prontificam-se a ajudá-lo
nessa tarefa. Penso até que meus parentes
mais próximos recentemente descobriram
alguma fonte de infortúnios. Esse achado
coube a meu filho em seus arroubos juvenis;
nasceu um dia em sua mente a esperança
de sujeitar ao jugo o fluxo inalterável
do Helésponto sagrado, em cujas águas mora
um deus, valendo-se de grilhões humilhantes
feitos para afrontar escravos renitentes.
Ele tentou modificar aquele estreito
e mergulhando nele férreas correntes
forjadas a martelo, abriu uma passagem
sem óbices a seu exército incontável!
Sendo mortal, ele pensou em sua insânia
que poderia enfrentar todos os deuses
— até Poseidon[27]! Quem poderá negar
que uma doença muito grave dominou
a mente de meu filho? Nestas circunstâncias,
receio que a riqueza imensa conquistada
graças a meus esforços numa longa vida
agora seja apenas uma presa fácil
exposta à ambição de homens mais capazes.

ATOSSA

Em sua convivência com pessoas más
o impetuoso Xerxes aprendeu depressa
a pensar mal. A todo instante elas diziam-lhe
que tinhas conquistado em feitos marciais
uma fortuna enorme para os filhos teus,
enquanto ele, um indolente, guerreava
nos aposentos do palácio de seu pai,
sem ânimo para aumentar, como devia,
os muitos bens paternos. A repetição
reiterada dessas palavras sarcásticas,

pronunciadas por amigos desprezíveis,
levou-o a conceber a idéia temerária
da expedição e da campanha contra a Grécia.

FANTASMA DE DARIO

Foram eles então, rainha, os causadores
desta calamidade enorme, inesquecível,
capaz de esvaziar a cidade de Susa
como nenhuma das muitas que se abateram
em tempos idos sobre ela desde o dia
em que Zeus todo-poderoso concedeu
a um só homem o supremo privilégio
de comandar a Ásia pródiga em carneiros,
tendo nas mãos o cetro do poder supremo.
O mais antigo chefe desse povo em armas
foi Medos; sucedendo-o, seu nobre filho
consolidou-lhe a obra — no segundo rei
a sã razão prevaleceu sobre as paixões.
O rei seguinte — Ciro, herói favorecido
invariavelmente pela boa sorte —,
subindo ao trono de seus dignos precursores
assegurou a paz entre os povos irmãos;
depois de conquistar a Lídia e toda a Frígia[28],
conseguiu dominar também a Iônia inteira.
Os céus não lhe foram hostis; ele era sábio.
O quarto soberano deste grande império
foi o filho de Ciro; em seguida Márdis
conseguiu usurpar o trono e se tornou
o quinto rei, opróbrio de uma grande pátria
e deste trono muito antigo até surgir
Artafernes, o bravo, que o exterminou,
valendo-se da astúcia, em seu próprio palácio,
auxiliado por amigos reunidos
com a finalidade de tirar-lhe a vida.
Desde que a boa sorte me favoreceu
e me elevou à condição de rei da Pérsia,
eu mesmo empreendi campanhas sucessivas
à frente de muitos exércitos; jamais,
porém, causei à minha pátria tais desastres.
Meu filho Xerxes, entretanto, ainda jovem,
tinha seu pensamento posto em novidades

e nunca ouvia meus conselhos e advertências.
Ficai sabendo, fiéis companheiros meus,
que mesmo todos juntos, nós, os detentores
da autoridade imperial, não poderíamos
ser acusados de causar tão grandes males!

CORIFEU

Ah! Rei Dario! Que poderemos fazer?
Que conclusões tiraremos de teu discurso?
Como conseguiremos depois deles, nós,
os persas, comportar-nos da melhor maneira?

FANTASMA DE DARIO

Não deveríamos pensar em nova guerra
contra os helenos, mesmo se nossos exércitos
fossem mais poderosos que os dos inimigos;
o próprio solo deles é seu aliado.

CORIFEU

Que pretendes dizer-nos com estas palavras?
Como lhes serve de aliada a sua terra?

FANTASMA DE DARIO

Aniquilando pela fome impiedosa
a multidão imensa de nossos soldados.

CORIFEU

Poderemos levar, então, tropas de elite,
usando contra eles nossas armas leves.

FANTASMA DE DARIO

Mas os persas restantes que tentam ainda
deixar de qualquer modo o território helênico,
embora lutem bravamente estão perdidos!

CORIFEU

Que dizes? Não teriam feito a travessia
do estreito de Hele para sair da Europa
todos os combatentes poupados na guerra?

FANTASMA DE DARIO

De um número incontável salvaram-se apenas
alguns de nossos homens (se temos de crer
nas manifestações dos deuses — os oráculos —),
em decorrência dos eventos consumados,
pois não ocorre a realização de uns
sem a dos outros. Já que os fatos, meus amigos,
são estes, Xerxes crê em esperanças vãs
deixando em território hostil tropas de elite.
Eles ficaram lá onde o Asopo rápido[29]
nutre com suas águas sempre em movimento
as terras planas que os beócios todos amam;
lá os esperam os piores sofrimentos,
prêmio de seu orgulho e de sua arrogância
insultuosos às divinas potestades.
Chegando à terra dos helenos nossos homens
não hesitaram em tirar dos pedestais
as estátuas dos deuses, em incendiar
seus templos veneráveis; eles se atreveram
a pôr imagens de cabeça para baixo!
Esses terríveis criminosos receberam
a punição equivalente aos crimes ímpios[30]
e outras os esperam; o edifício enorme
de seu castigo ainda está nos alicerces
e continuará crescendo; as libações
de sangue provocado pelas lanças dórias
hão de correr em jorros no chão de Platéia[31]!
E os montes de cadáveres, numa linguagem
silenciosa, até a geração terceira
dirão às criaturas dos tempos por vir
que nenhum dos mortais deve ter pensamentos
superiores à fragilidade humana.

Ao amadurecer, a audácia sem limites
produz apenas as espigas do pecado,
cuja colheita é um manancial de lágrimas.
Guardai esse castigo diante dos olhos;
nunca vos esqueçais de Atenas e da Grécia[32]!
Em tempo algum menosprezeis vosso destino
e vos priveis de uma felicidade própria
só para cobiçar a sorte de outros homens!
Zeus reservou para si mesmo a incumbência
de castigar os pensamentos motivados
pela soberba extrema e nos obriga um dia
a uma prestação de contas pavorosa.
Xerxes carece totalmente de bom senso;
desejo que vossas benditas advertências
lhe sirvam de lição e nunca, nunca mais
ele resolva repetir suas ofensas
às divindades, atrevendo-se a insultá-las!

Dirigindo-se a ATOSSA.

E tu, idosa mãe de Xerxes, muito amada,
volta ao palácio; veste lá, como convém,
os trajes mais brilhantes e vai ao encontro
de teu filho que volta; em sua dor enorme
ao ver-se vítima de males incontáveis,
as roupas coloridas em seu corpo exausto
são apenas andrajos. Tenta consolá-lo
com as palavras próprias para tais momentos;
tu és a única pessoa — eu bem sei —
cujas palavras ele quererá ouvir.
Retornarei agora às trevas subterrâneas.

Dirigindo-se ao CORO.

Devo dizer-vos meu adeus, velhos amigos;
embora vos envolvam tantas aflições,
proporcionai às vossas almas a alegria
que os dias ainda por vir podem trazer-vos,
pois entre os mortos vossos bens não têm valor.

Desaparece o FANTASMA DE DARIO. Longo silêncio. A cena volta para a frente do palácio real.

CORIFEU

Sofri imensamente ouvindo a descrição
das amarguras que hoje nos afligem tanto
e nos afligirão ainda no futuro.

ATOSSA

Ah! Que destino atroz! Ah! Quanto sofrimento
invade a minha mente quando ouço falar
nestas desgraças! Dói-me mais neste momento
pensar nas roupas humilhantes que recobrem
o corpo de meu filho. Devo procurar
lá no palácio trajes novos para ele.
Depois quero encontrá-lo. Nesta hora amarga
não trairei a imensa estima por meu filho.

Sai ATOSSA *em direção ao palácio.*

CORO

Ah! Vida esplêndida, tão agradável
que todos nós levávamos aqui,
no fausto de nossas grandes cidades,
quando reinava em Susa o soberano
onipotente, idoso, benfazejo,
Dario invicto, semelhante aos deuses!
Mostrávamos então ao mundo inteiro
nossos exércitos nunca vencidos,
cheios de glória; nas expedições
realizadas contra os inimigos
eles punham em prática somente
a arte habitual dos longos cercos;
nossos guerreiros regressavam sempre
sem grandes perdas e sem provações
a seus lares felizes por revê-los.
Quantas cidades eles conquistaram
sem ter de atravessar o curso do Hális[33],
sem se afastar dos lares dos soldados,
como as localizadas junto às margens
do Estrímon[34], próximas dos burgos trácios!
E além do rio aquelas protegidas
por baluartes também se curvaram,

obedientes ao nosso monarca;
a estas se somavam as cidades
altivas situadas dos dois lados
do estreito de Hele; mais a Propontis,
no fim de um golfo, e as bocas do Ponto!
E as ilhas açoitadas pelas ondas,
juntas em volta de um cabo marítimo,
vizinhas do continente asiático
— Lesbos, e Samos cheia de oliveiras,
e Quios, Paros, Naxos e Miconos —;
e ainda Andros, vizinha de Temnos!
Ao rei Dario também se renderam
as muitas ilhas que sobressaíam
no mar contido entre os dois continentes,
Lemnos — terra de Ícaro —, mais Rodes
e Cnidos e as cidades cipriotas
— Pafos e Solos e mais Salamina[35],
cuja metrópole é o maior motivo
de nossas atuais lamentações!
E as opulentas cidades da Iônia,
cheias de gregos, ele governou
impondo-lhes sua própria vontade,
firmada no valor de seus soldados
e numa multidão heterogênea
de auxiliares prontos a servir-lhe!
Hoje, porém, numa reviravolta
sem dúvida querida pelos deuses
estamos naufragando sob os golpes
irresistíveis que esta guerra horrível
nos infligiu, vibrados sobre o mar.

Entra em cena um carro provido de um pequeno toldo. XERXES desce lentamente dele e caminha a passos vacilantes em direção aos anciãos do CORO.

XERXES

Ai! Infeliz de mim! Fui ao encontro
desta cruel, terrível provação
mais do que qualquer outra inesperada!
Com que selvagem ânimo o destino
veio abater-se sobre a raça persa!

Quantas desditas inda estão guardadas
para serem lançadas sobre mim?
Sinto fugir a força de meus membros
ao ver aqui os anciãos de Susa
Ah! Zeus! Por que não partilhei a sorte
de meus soldados mortos nos combates
e não fui sepultado perto deles?

CORIFEU

Ah! Rei! Choro por nosso imenso exército
e pelo incomparável esplendor
do poderio persa, e mais ainda
pelo espetáculo de seus guerreiros
ceifados por um destino cruel.

CORO

A Pérsia geme pela mocidade
mandada à Hélade para morrer
por sempre ser obediente a Xerxes
que encheu o Hades com seus filhos mortos![36]
Eles desceram à mansão da Morte,
soldados incontáveis, nosso orgulho,
archeiros nunca antes derrotados,
compacta, incalculável multidão!
Chorai! Chorai por nossos sustentáculos!
Infelizmente, rei, a Ásia inteira
— infelizmente! — hoje está de joelhos!

XERXES

Mereço apenas comiseração,
eu, infeliz, por ter sido o flagelo
de minha pátria e de minha raça!

CORO

Saudando teu regresso gemeremos
para exprimir somente desencanto
com a voz entrecortada de soluços
de um carpidor mariandino[37] afeito

apenas a seus cantos lutuosos
acompanhados de abundantes lágrimas!

XERXES

Dai curso, então, à vossa cantilena
cheia de dor e de gemidos lúgubres.
O destino se volta contra mim.

CORO

Sim, Xerxes, vamos todos soluçar
e gemeremos para lamentar
os golpes inauditos que sofreste
em pleno mar; choraremos unidos
por um país, por uma raça inteira
e gritaremos a partir de agora
nossas lamentações lacrimogêneas!

XERXES

Ares[38] da Iônia nos aniquilou,
Ares dos nautas iônios decidiu
nosso destino, ceifando a planície[39]
e as praias saturadas de aflições!

CORO

Gritemos! Desejamos saber tudo!
Onde estará agora a multidão
de teus soldados, rei? Onde estarão
aqueles que ficavam a teu lado,
Susas, Psamis, Pelágon, Farandaques,
Dotames, Agdabato, Susicanes
recém-chegado da leal Ecbátana?

XERXES

Perdidos! Todos devem estar longe;
precipitados de uma das naus tírias
nas águas da costa de Salamina,

seus corpos foram vistos flutuando,
chocando-se contra os penhascos ásperos.

CORO

Sabes onde estará o teu Farnuco?
E o bravo Ariomardo, onde ficou?
E o príncipe Seuaces? E Lileu,
descendente de antepassados nobres?
Fala também de Istecmo, de Masistro
e de Artembares! Tens algo a dizer?

XERXES

Ai! Ai de mim! Eles puderam ver
a muito antiga, a odiosa Atenas;
pouco depois, porém — ah, infelizes! —,
vimo-los moribundos numa praia,
vítimas de dilacerantes golpes.

CORO

E é verdade que deixaste lá
teu Olho[40] preferido e mais fiel,
capaz de enumerar sem um engano
milhares e milhares de teus persas
— Batânaco, filho do nobre Alpisto —,
e o filho de Sesames? E deixaste
os filhos de Megábates, de Parto,
e o poderoso Oibares? Sim! Deixaste-os!
Ah! Infelizes! Mencionamos males
pungentes e muito mais que pungentes
sofridos pelos persas mais ilustres!

XERXES

Sim! Despertais em mim a nostalgia
de tantos companheiros valorosos
quando falais em males, mais que males,
cruéis, inolvidáveis e terríveis!
Dentro de mim meu coração invoca
em altos brados tantos infelizes!

CORO

Ainda há outros que cremos perdidos
— Xantis, o comandante de milhares
de mardianos, e o valente Aucares
e Diaêxis e também Arsames,
bons comandantes de cavalaria!
Dardaces e Litimnes e mais Tolmo,
insaciável arremessador
de lanças homicidas! Causa espanto
que todos eles não venham contigo,
atrás da cobertura de teu carro!

XERXES

Morreram em combate os chefes todos
de meus exércitos, sem exceção.

CORO

Morreram, sim, e de maneira ignóbil.

XERXES

Ai! Ai de mim! Como sou infeliz!

CORO

Ai! Ai de nós! Os deuses nos mandaram
uma calamidade retumbante[41]!

XERXES

Esmagam-nos desgraças infindáveis!

CORO

Esmagam-nos! É óbvio demais!

XERXES

Desastre insólito! Desastre insólito!

CORO

Por que num mau momento nossos homens
foram levados temerariamente
a enfrentar os nautas lá da Iônia?
A raça persa é infeliz na guerra.

XERXES

Sem dúvida! A perda de um exército
me aniquilou — ai, infeliz de mim!

CORO

Que nos aconteceu longe daqui?
Chegou ao fim o poderio persa!

XERXES

Vedes os restos de meu manto régio?

CORO

Estamos vendo. Sim, estamos vendo!

XERXES

E este receptáculo de flechas?

CORO

Que dizes, Xerxes? Que salvaste ainda?

XERXES

Uma reserva de poucos projéteis.

CORO

Pouquíssimos de milhares que eram ...

XERXES

Eis-nos aqui sem defensores hoje!

CORO

Não fogem dos combates os iônios ...

XERXES

Eles são excessivamente bravos.
Vivi para ver um desastre enorme!

CORO

Referes-te à derrota de teus nautas?

XERXES

Em face daquele golpe fatal
reduzi a andrajos minhas vestes.

CORO

Ai! Ai de nós, desventurados persas!

XERXES

Imensamente mais que "ai de nós"!

CORO

Sim! Males redobrados, triplicados!

XERXES

Dor para nós, e para os gregos júbilo!

CORO

E toda a nossa raça se desfez...

XERXES

Eis-me privado até de minha escolta!

CORO

... com a derrota dos persas no mar!

XERXES

Chorai! Chorai pelo desastre enorme
e regressai depois a vossos lares.

CORO

Calamidade! Sim, calamidade!

XERXES

Gritai! Gritai respondendo a meus gritos!

CORO

Triste favor de tristes a um triste!

XERXES

Gemei unindo vosso canto lúgubre
ao canto meu mais lúgubre que o vosso!

CORO

Ai! Ai de nós! Terrível infortúnio!
São sofrimentos que se multiplicam!

XERXES

Batei no peito! Batei em cadência
e lamentai-vos para me agradar!

CORO

O pranto afoga-nos entre lamentos!

XERXES

Gritai! Gritai respondendo a meus gritos!

CORO

Este cuidado, soberano, é nosso.

XERXES

Ai! Ai de mim! Gritai inda mais alto!

CORO

Ai! Ai! Gemidos lúgubres e golpes
se juntam às nossas lamentações!

XERXES

Golpeai vosso peito, golpeai-vos
gritando ainda o triste apelo mísio[42]!

CORO

Angústia! Angústia! Nada além de angústia!

XERXES

É hora de arrancar também os pêlos
alvíssimos de vossas longas barbas!

CORO

Enchendo as mãos entre lamentações!

XERXES

Gritai mais alto num clamor agudo!

CORO

Nisto serás também obedecido.

XERXES

Rasgai com Vossas próprias mãos os panos
que cobrem vosso peito magoado!

CORO

Angústia! Angústia! Nada além de angústia!

XERXES

E agora arrancai vossos cabelos
chorando o triste fim de nosso exército!

CORO

Enchendo as mãos entre lamentações!

XERXES

Enchei de lágrimas os vossos olhos!

CORO

Estamos todos afogados nelas!

XERXES

Gritai! Gritai respondendo a meus gritos!

CORO

Ai! Ai de nós! Ai de todos os persas!

XERXES

Marchai para o palácio entre gemidos!

CORO

Ai! Ai de nós! Ai de todos os persas!

XERXES

Ai! Ai de mim! Gemo pela cidade!

CORO

Ai! Ai de nós! Ai de todos os persas!

XERXES

Soluçai num cortejo lamentoso!

CORO

Solo da Pérsia! Nossos passos ferem-te!

XERXES

Ai! Ai de nós pelos que pereceram
lutando em nossas incontáveis naus!

CORO

Vamos acompanhar-te, soberano,
com nossas lúgubres lamentações!

FIM

NOTAS AOS *PERSAS*

1. A Císsia era uma região montanhosa situada entre Susa e Ecbátana, a primeira localizada na fronteira da Susiana e capital do antigo império persa, e a segunda uma das cidades mais importantes do império.

2. Filho de Belo e irmão de Dânaos, rei do Egito e epônimo do país.

3. *Tmolo.* Montanha situada na antiga Lídia, na Ásia Menor, atualmente Bouzdag.

4. A "lança", nos *Persas,* é usada alegoricamente para designar os gregos, enquanto o "arco" simboliza os persas. Veja-se também o verso 160.

5. Estreito de Hele. O Helésponto, atualmente Dardanelos. Seu nome se devia a Hele, filha do rei Atamas, que, fugindo da madrasta Ino com o irmão Frixo no dorso de um carneiro alado, caiu no mar enquanto passava pelo estreito. Para as numerosas alusões mitológicas, veja-se o *Dicionário de Mitologia Grega e Romana,* publicado em 1990 por Jorge Zahar Editor.

6. Veja-se Herôdotos, VI, 36 (página 352 de minha tradução), para a descrição da ponte lançada por Xerxes para atravessar com seus exércitos o Helésponto.

7. O herói epônimo da casa real da Pérsia era Perseu, filho de Danae e de Zeus; este último desceu ao encontro de Danae disfarçado em chuva de ouro.

8. Ares era o deus da guerra e da destruição na mitologia grega (o Marte dos romanos).

8a. Os dois lados do Helésponto, ligados por meio da ponte feita pelos persas.

9. Febo é um dos epítetos de Apolo, um dos deuses maiores da mitologia grega, significando "luminoso".

10. Havia nas proximidades de Atenas minas de prata, a principal fonte de renda da cidade na antigüidade.

11. *Silênio.* Provavelmente o longo promontório rochoso de Salamina, onde os gregos exibiram seus troféus após a batalha em que derrotaram os persas.

12. No original está "ilha de Ájax" em vez de Salamina (terra natal do herói Ájax).

13. *Ilha das pombas.* Alguma ilhota não-identificada.

14. *Mago.* Os magos constituíam uma tribo dos medos.

15. *Siênesis.* Persa ilustre mencionado por Herôdotos, VII, 98.

16. De Palas um dos epítetos de Atena, deusa padroeira de Atenas.

17. *Ilha de Ájax.* Salamina (veja-se a nota 12)

18. *Pangeu.* Montanha situada na Trácia, freqüentada segundo as lendas por Diôniso e pelas Bacantes.

18a. *Estrímon.* Rio que separa a Trácia da Macedônia.

19. Era comum no Oriente Médio o suicídio nessas circunstâncias. É lógico, então, que seja esta a primeira reação de Atossa.

20. Dario foi um rei archeiro (as armas características dos persas eram o arco e a flecha; veja-se a nota 4), enquanto Xerxes quis ser o rei dos mares. Susiana era a província do império persa em que ficava situada Susa, a capital.

21. "Incorruptível" é o mar, e seus "filhos" são os peixes. Cicreu, pouco antes, era um promontório situado na ilha de Salamina.

22. Veja-se a nota 12 para a "ilha de Ájax".

23. Hermes era o deus incumbido de levar para os infernos as almas dos mortos.

24. A alma de Dario, pai de Xerxes.

25. *Aidoneu.* Epíteto de Hades, o deus soberano dos infernos.

26. *Bactriana.* Uma das principais províncias do império persa.

27. *Poseidon.* O deus do mar, uma das divindades maiores da mitologia grega.

28. *Lídia e Frígia.* Duas regiões da Ásia Menor, importantes até sua conquista pelos persas. A Iônia era um território habitado por gregos na faixa litorânea da Ásia Menor. Os persas chamavam a Grécia também de Iônia.

29. *Asopo.* Rio da Beócia, cujas nascentes ficam nas proximidades de Platéia e vai desaguar no Euripo depois de separar os territórios dos tebanos e dos plateus.

30. A repetição "criminosos... crimes" está no original, como várias outras que mantivemos na tradução.

31. Platéia. Local da batalha terrestre decisiva entre os gregos e os persas.

32. De acordo com Herôdotos (V, 105), Dario havia ordenado que durante cada uma de suas refeições um escravo lhe dissesse três vezes: "Lembra-te dos atenienses, senhor!"

33. O Hális era um rio que separava o território dos medos da Lídia.

34. Estrímon. Veja-se a nota 18a.

35. Além da Salamina próxima de Atenas, na Ática, havia outra na ilha de Chipre, fundada por Teucro em homenagem a Ájax, seu irmão, para lembrar a Salamina da Ática (a "metrópole" do verso seguinte, terra natal de Ájax).

36. Hades. Além de ser o nome do rei dos infernos, Hades era também a denominação da região situada nas profundezas da terra para onde iam os mortos (a "mansão dos mortos").

37. Os mariandinos, povo da Ásia Menor, eram conhecidos por seus cantos fúnebres e sua música triste.

38. Ares. Veja-se a nota 8.

39. "Planície" aplica-se metaforicamente ao mar no estreito de Salamina.

40. Os reis persas serviam-se de funcionários especialmente fiéis, chamados de "Olhos" e "Ouvidos", cuja incumbência era relatar ao soberano o que viam e ouviam.

41. Em grego *Ate,* personificação da calamidade (as palavras gregas são transliteradas em caracteres latinos).

42. Mísio. Os habitantes da Mísia, na Ásia Menor, eram efeminados e conhecidos por suas lamentações ruidosas, a ponto de serem contratados para cerimônias fúnebres na Grécia.

SÓFOCLES

ELECTRA

INTRODUÇÃO

O AUTOR E A OBRA

Sófocles nasceu em 496 a.C. em Atenas, e sua primeira peça foi representada em 468; um de seus competidores naquela ocasião foi o já consagrado Ésquilo, vinte e quatro anos mais velho que ele; Sófocles foi o vencedor e durante sessenta anos compôs tragédias e dramas satíricos, num total aproximado de 123; deste total chegaram até nós, íntegras, sete tragédias (*Édipo Rei*, *Édipo em Colono*, *Antígona*, *Filoctetes*, *As Traquínias*, *Ájax* e *Electra*), além de um drama satírico quase completo (*Os Sabujos*) e numerosos fragmentos esparsos em citações de escritores gregos e latinos. O poeta morreu em 406 a.C., em Colono, na Ática.

A *Electra* foi representada pela primeira vez por volta de 413 a.C., ignorando-se a data exata. Essa dúvida reveste-se de certa importância literária, pois dessa incerteza decorre uma discussão interminável entre os eruditos para determinar qual das duas *Electras* foi composta em primeiro lugar: a de Sófocles ou a de Eurípides. Os antecedentes da tragédia estão na lenda da guerra de Tróia. Agamêmnon, rei dos argivos (habitantes de Argos mas também os gregos em geral na epopéia) e o mais poderoso dos chefes das minúsculas monarquias da Grécia lendária, após a vitória dos gregos na luta que os manteve afastados de seus lares por dez anos regressou a Micenas, capital de seu reino, onde Clitemnestra, sua esposa, tomara-se de amores pelo usurpador Egisto, primo do infeliz chefe grego; no mesmo dia do regresso de Agamêmnon Clitemnestra matou-o "com o cutelo todo de bronze", ajudada por Egisto, seu amante, com o pretexto de que o esposo sacrificara, antes de partir para Tróia, uma de suas filhas (Ifigênia; o casal tinha mais três filhas — Ifiânassa, Crisôtemis e Electra — e um filho — Orestes); por ocasião do crime Electra conseguiu salvar Orestes, então com cerca de dez anos de idade, e enviá-lo a Estrófio, rei da Fócida, amigo de Agamêmnon e pai de Pílades, por um antigo criado (o preceptor da peça); durante cerca de onze anos Electra, que permanecera em Micenas com Crisôtemis e Ifiânassa, junto a Clitemnestra e Egisto, sucessor de Agamêmnon nas prerrogativas reais e conjugais, espera, humilhada, pelo regresso do irmão. Os antecedentes da *Electra*, até o assassinato de Agamêmnon, constituem o tema da belíssima peça de Ésquilo que tem o nome do chefe grego, publicada em tradução nossa por Jorge Zahar Editor juntamente com as duas outras peças que compõem a *Oréstia*.

A *Electra* começa com o retorno de Orestes a Micenas, cerca de onze anos após o crime, para vingar a morte do pai, assunto também das *Coéforas* de Ésquilo.

Na antigüidade o tema da *Electra* inspirou, além das *Coéforas* de Ésquilo, a *Electra* de Eurípides. Em nossa época ele foi retomado por Eugene O'Neil em *Mourning Becomes Electra* e na *Elektra* de Ezra Pound em colaboração com Rudd Fleming (publicada pela Princeton University Press, 1987, reimpressão de 1989).

Para a tradução consultamos com maior freqüência, embora sem exclusividade, o texto da edição de A.C. Pearson (*Sophoclis Fabulae*, Oxford, Clarendon Press, 1924); recorremos também às edições de R.C. Jebb (cujo abundante comentário nos foi útil), de P. Masqueray e de A. Dain (ambas da "Belles Lettres"), para desfazer dúvidas na interpretação de passagens difíceis do texto.

Época da ação: idade heróica da Grécia.
Local: Micenas (Grécia).
Primeira representação: 413 a.C. (data aproximada), em Atenas.

PERSONAGENS

CLITEMNESTRA, viúva de Agamêmnon, casada em segundas núpcias com Egisto, seu cúmplice no assassínio do primeiro marido
EGISTO, primo de Agamêmnon
ELECTRA, ORESTES, CRISÔTEMIS — filhos de Clitemnestra e de Agamêmnon
PRECEPTOR, antigo criado de Agamêmnon
PÍLADES, personagem mudo, amigo inseparável de Orestes
CRIADA de Clitemnestra
CRIADOS (dois) de Orestes
CORO, constituído de mulheres mais idosas que Electra

Cenário

Frontispício do palácio real de Micenas. É madrugada. Pela esquerda entram o PRECEPTOR, ORESTES *e* PÍLADES. *Como o palácio fica na Acrópole, supõe-se que de lá se vêem toda a planície de Argos, a ágora e os templos de Apolo e de Hera.*

PRECEPTOR

Contempla finalmente, filho de Agamêmnon,
o heróico vencedor de Tróia, tudo quanto
há prolongados anos desejavas ver.
Aí está a antiga Argos que buscavas[1],
terra bendita da infeliz filha de Ínaco[2];
ali, Orestes, vês o altar do próprio Apolo[3],
o matador de lobos; mais além, à esquerda,
o templo renomado de Hera; prosseguindo
verás Micenas muito rica e o palácio
ensangüentado tantas vezes dos Pelópidas[4].
Há muito tempo te levei de lá comigo
cumprindo determinações de tua irmã,
teu sangue, Electra, quando mataram teu pai;
salvei-te e desde então cuidei de ti com zelo
para que um dia fosses o seu vingador.
Sem mais qualquer demora, Orestes, e tu, Pílades[5]
— o melhor dos amigos em terras estranhas —,
devemos resolver o que tem de ser feito;
o sol já deixa ver a sua luz e os pássaros
despertam gorjeando com a claridade;
a negra noite das estrelas acabou.
Antes que alguém lá do palácio possa ver-nos
ajamos; não é hora de perdermos tempo.

ORESTES

Meu guia devotado, amigo incomparável,
tenho de elogiar a tua lealdade.
Ages como bravo corcel de raça nobre
que mesmo idoso sempre luta; valoroso,
tu nos incitas e até vais à nossa frente!
Antes explicarei, amigo, nossos planos;

ouve-me atentamente, vê se estás de acordo
e faze as objeções que parecerem justas.
Quando me dirigi ao santuário pítico[6]
para saber como vingar em seus algozes
o meu pai morto, recebi ordens de Febo[7]:
— que sem escolta, por ardis e de surpresa
eu mesmo os abatesse com as minhas mãos.
Foi tudo quanto disse o deus. Vai ao palácio
e trata de saber o que se passa lá;
volta com os esclarecimentos necessários.
Estás idoso, muitos anos transcorreram;
nenhum dos moradores saberá quem és.
Podes apresentar-te como forasteiro
vindo de longe, servo do bom Fanoteu[8],
fiel amigo dos senhores de Micenas.
Dize-lhes e confirma com teu juramento
que por fatalidade Orestes faleceu,
lançado fora de seu carro velocíssimo
nos jogos píticos; assim hás de falar[9].
Enquanto vais derramo tristes libações
na sepultura de meu pai e lhe dedico
também os meus cabelos como quer Apolo.
Após as libações sacramentais traremos
a urna brônzea feita por artista hábil,
oculta por enquanto em meio àquelas árvores,
e iremos alegrá-los com a notícia falsa
de que meu corpo forte não existe mais:
queimaram-no numa fogueira e restam cinzas.
E por que não falar assim? Morto em palavras,
pelas ações mostro-me vivo e ganho glória;
palavras úteis não serão de mau agouro.
De numerosos homens sei que foram tidos
como finados em relatos vãos, mas voltam
depois aos lares com maiores honrarias;
ressurgirei na ocasião propícia, vivo,
e entre meus inimigos a minha presença
terá o brilho das estrelas cintilantes.
Mãe-pátria e divindades todas desta terra!
Com bons augúrios recebei o meu regresso!
E tu, mansão de meus nobres antepassados,
manda-me um deus purificar-te com justiça.
Que eu não retorne desonrado! Sejam minhas

de novo as minhas terras e a casa paterna!
Tudo foi dito; agora cumpre-te, ancião,
realizar a tua parte na incumbência;
nós dois seguimos; vamos arriscar a sorte,
senhora de nossos sucessos e fracassos.

ELECTRA

De dentro do palácio.

Ai! Infeliz de mim!

PRECEPTOR

Escuto neste instante
uma servente lamentando-se lá dentro.

ORESTES

Quem sabe se não é a malfadada Electra?
Queres que fique aqui, ouvindo seus gemidos?

PRECEPTOR

Não; mas tratemos de atender, sem vacilar,
às ordens dadas por Loxias; comecemos[10]
oferecendo as libações sacramentais
ao morto, pois somente assim será possível
colher enfim a dificílima vitória.

Saem o PRECEPTOR por um lado e ORESTES e PÍLADES por outro. Pelo fundo entra ELECTRA, vinda do palácio, seguida pelas mulheres do CORO.

ELECTRA[11]

Divina claridade e ar divino,
roupagem lúcida de nossa terra!
Quantas lamentações minhas ouvistes
e quantos golpes surdos desferidos
em meu sofrido peito lacerado
sempre que a noite negra terminava!
E meu leito odiado é testemunha
das lacrimosas e longas vigílias

sofridas no palácio repugnante
e dos soluços por meu pai — coitado! —
que o sanguinário Ares não ceifou[12]
em terras bárbaras, mas minha mãe
e Egisto, seu companheiro de leito,
mataram com seguidos golpes pérfidos
iguais aos de robustos lenhadores
quando cortam tranqüilamente as árvores!
E não se escuta aqui outro lamento
além dos meus por esse crime horrível
em que tu foste a vítima, meu pai,
de insidiosa morte! Mas meu pranto
não cessará, nem meus sentidos ais,
enquanto eu contemplar os raios trêmulos
dos astros para sempre cintilantes
e a claridade de todos os dias!
Igual ao pássaro que perde os filhos,
jamais eu pararei de soluçar
e de gritar alucinadamente
diante do palácio de meu pai!
Domínios de Perséfone e de Hades[13]!
Hermes do inferno e Maldição divina,
e vós, augustas, implacáveis Fúrias,
filhas dos deuses todo-poderosos,
vós que vedes os crimes sem castigo
e os vivos neste mundo espoliados
até do próprio leito, socorrei-me
para vingar a morte de meu pai!
Mandai de volta meu irmão Orestes!
Já não consigo suportar sozinha
o peso desta mágoa esmagadora!

CORO

Electra, filha da mulher mais pérfida!
Por que lamentas quem há tanto tempo
foi vítima de sua própria esposa,
autora de uma trama insidiosa?
Por que inda pranteias Agamêmnon,
morto por golpes de mãos criminosas?
Nossas palavras são: morra quem mata!

ELECTRA

Viestes minorar as minhas dores,
nobres amigas; ouço e compreendo
vossas palavras, mas não tenho ânimo
para deixar de lamentar meu pai.
Amigas, cujo amor é igual ao meu,
abandonai-me ao desespero! Peço-vos!

CORO

Jamais, porém, farás teu pai voltar
do silêncio do Hades, fim de todos,
nem com soluços, nem com desespero.
Sem resistência e sem moderação
entregas-te a um pranto interminável
que não te livra de teu sofrimento.
Por que te enamoraste da desgraça?

ELECTRA

Não tem um mínimo de sentimento
quem consegue esquecer por um instante
a morte trágica de um pai amado.
Não! Meu sofrido coração prefere
o aflito pássaro, tão caro a Zeus[14],
chorando os filhos incessantemente.
Ah! Níobe, infeliz eternamente[15]!
És para mim igual às divindades,
tu que, petrificada, choras sempre!

CORO

Não só a ti entre os mortais, Electra,
a dor aflige e tira a quietude;
nisto pareces muito mais sensível
que tuas queridas irmãs — Crisôtemis
e Ifiânassa —, acomodadas[16]
no palácio de nossos soberanos,
e aquele que, feliz e vigoroso
em sua mocidade, há de voltar
dentro de pouco tempo — queira Zeus! –

para viver na terra dos micênios
cheios de glória — Orestes nobilíssimo!

ELECTRA

Espero-o indefinidamente
sem filhos, sem esposo, desditosa,
sem perspectivas e desfeita em lágrimas,
vencida por desgraças sucessivas;
mas ele esquece o que sofreu e ouviu!
As novidades a respeito dele
nos chegam e são logo desmentidas.
Orestes sempre anseia por voltar,
mas mesmo desejando nunca vem.

CORO

Coragem, filha! Deves ter coragem!
Ainda está no céu o grande Zeus
que tudo pode e tudo vê no mundo;
confia-lhe tua penosa cólera.
Não te arremesses contra os inimigos
mas nunca os tires de tua memória;
o tempo é deus e conciliador.
Estão sempre pensando em ti, Electra,
o esperado filho de Agamêmnon
nas campinas bucólicas de Crisa[17]
e o deus supremo do rio Aqueronte[18].

ELECTRA

Eu sei, mas já passou amargamente
a melhor parte de minha existência.
Aguardo a morte sem ter tido filhos
e sem amigos para proteger-me
Não posso mais!... Como se fosse intrusa
e sem direitos, vivo como serva
neste palácio onde meu pai foi rei,
vestida nesta roupa degradante,
de pé, em frente à mesa sem convivas.

CORO

Tristes gemidos ao chegar de volta,
tristes gemidos nos coxins festivos
de seu palácio, quando o rei caiu[19]
sob os golpes fatais, terríveis, rápidos,
da impiedosa lâmina de bronze!
Mentor foi Dolo e foi verdugo Amor!
Cena terrível, morte preparada
por algum deus ou mesmo por mortais!

ELECTRA

Ah! Dia mais funesto em minha vida!
Ah! Noite inesquecível para sempre!
Ah! Festa horrível e cheia de sangue!
Meu pai previu os golpes crudelíssimos
vindos das mãos da dupla de homicidas
que aniquilaram a minha existência!...
Puna-os, pois, com as mais pesadas penas[20]
o grande e poderoso Zeus Olímpico!
Jamais desfrutem ambos de alegrias,
eles, autores do nefando crime!

CORO

Esforça-te por moderar-te, Electra.
Não percebeste que o ressentimento
já te causou incalculáveis mágoas?
Alimentando sem cessar o ódio
atrais rancor e novos sofrimentos;
é inútil resistir aos poderosos.

ELECTRA

Fatos terríveis inda me constrangem
e não consigo disfarçar a ira;
não poderei silenciar jamais
diante desta enorme desventura.
Quem de bom senso, minhas companheiras,
exigirá que eu abra meus ouvidos
a uma só palavra de consolo?

Deixai-me, companheiras prestimosas!
Males iguais aos meus não têm remédio.
Nunca me livrarei de minha angústia
e destes meus soluços incessantes!...

CORO

Aconselhamos-te, porque te amamos
como se fôssemos mães devotadas,
a não somar desgraças à desgraça.

ELECTRA

Pode-se ponderar no desespero?
É justo negligenciar os mortos?
Entre que homens se procede assim?
Nunca me louvem essas criaturas!
Nem possa eu jamais ter qualquer bem
ou deles desfrutar tranqüilamente
se de meus tristes ais fechar as asas
por omitir-me no culto a meu pai!
Se quem é morto criminosamente
jaz transformado em pó e nada mais
e não há punição para quem mata,
então a dignidade e a reverência
não mais existirão entre os mortais!

CORIFEU

Estou aqui, Electra, por teu próprio bem,
que é o meu; mas se não posso convencer-te
prosseguiremos juntas; seja como queres.

ELECTRA

Sinto vergonha, amigas minhas, de entregar-me
a esta dor demasiada; suportai-me;
a tanto me compele o mal que me causaram.
Seria natural outro comportamento
quando vou percebendo cada vez mais nítido
o desmoronamento desta casa ilustre?
Em vez de mãe tenho terrível inimiga;

neste palácio em que deveria ser dona
sou uma escrava dos verdugos de meu pai.
Podeis imaginar a minha vida aqui
vendo no trono de meu pai finado Egisto
envolto nas vestes reais de sua vítima,
propiciando as oferendas consagradas
exatamente no lugar do crime horrível;
ainda mais, tenho de ver o escárnio máximo:
no leito régio o miserável criminoso
com sua torpe cúmplice — com minha mãe
(se é mãe quem compartilha o leito de tal homem!).
Ela, sem recear as Fúrias vingadoras
e como se seu crime fosse um feito honroso,
festeja o dia do assassínio de meu pai,
da morte degradante, com danças e cantos
e sacrifícios aos deuses libertadores!
Que poderia eu fazer senão chorar?
Choro na solidão do palácio paterno
enquanto a festa impiedosa realiza-se,
mas o meu pranto não me traz alívio algum.
Por isso essa mulher fingidamente nobre
lança-se contra mim gritando mil injúrias:
"Peste perversa! Apenas tu perdeste o pai?
Nenhum mortal é infeliz? Só tu, mulher?
Maldita sejas e os bons deuses não te valham!"
São esses os insultos dela, salvo quando
alguém lhe diz que Orestes poderá voltar.
Então o seu furor atinge o paroxismo:
"Tu foste a causadora disso tudo, Electra!
Sei que salvaste o teu irmão naquele dia
premeditando males para tua mãe,
mas não te iludas! Teu castigo chegará!"
Nesses excessos jamais lhe falta o estímulo
do renomado esposo, do covarde em tudo,
que só peleja auxiliado por mulheres.
Agora Orestes é a única esperança
para pôr termo às minhas aflições presentes;
enquanto espero perco o ânimo, definho...
O seu regresso ainda é promessa vã
e já descreio do presente e do futuro.
Pensais ainda, amigas, em moderação
ou reverência? Em meio a males tão terríveis

é natural que também eu proceda mal.

CORIFEU

Ousas falar assim? E se te ouvisse Egisto?
Ou porventura neste instante ele está longe?

ELECTRA

Longe, sem dúvida! Se ele estivesse perto
nem mesmo à porta eu chegaria; foi ao campo.

CORIFEU

Já que podes falar, posso fazer perguntas?

ELECTRA

Tantas quantas quiseres; eu responderei.

CORIFEU

É a propósito de teu irmão ausente.
Virá depressa? Tardará? Ou nada sabes?

ELECTRA

Ele promete vir, mas fica nas promessas...

CORIFEU

É muito natural haver hesitação
antes de grandes e graves resoluções.

ELECTRA

Mas eu não hesitei na hora de salvá-lo!

CORIFEU

Sê corajosa! Orestes é nobre demais
para deixar de vir salvar os seus amigos.

ELECTRA

Confio; se não fosse assim, não viveria.

CORIFEU

Vendo CRISÔTEMIS aproximar-se.

Convém fazer silêncio; vejo tua irmã,
Crisôtemis, trazendo algumas oferendas,
dessas que geralmente se levam aos mortos.

Entra CRISÔTEMIS, com roupas finas e bem cuidadas contrastando com as de ELECTRA.

CRISÔTEMIS

Por que vieste novamente, irmã, gritar
e lamentar-te assim às portas do palácio?
Não aprendeste, decorrido tanto tempo,
que o ódio apenas nutre inúteis esperanças?
Sabes que também sofro com nossa desdita;
mostrar-lhes-ia, se pudesse, meu repúdio,
mas na desgraça é preferível ser prudente
e não premeditar quiméricas vinganças.
Ah! Se pensasses de maneira semelhante!
Sei que a justiça não está comigo, irmã;
está contigo, mas se quero viver bem
devo curvar-me aos detentores do poder.

ELECTRA

Estranho! Teu pai foi um homem tão ilustre
e podes esquecê-lo e cuidas simplesmente
viver bem com tua mãe desnaturada!
Todos os teus conselhos aprendeste dela;
és incapaz de proferir palavras próprias.
Escolhe, então, Crisôtemis, entre a prudência
hostil a teus amigos, que já esqueceste,
e a luta perigosa, cara às almas nobres.
Disseste agora mesmo, irmã, que se pudesses
demonstrarias o teu ódio pelos dois;

a mim, porém, que tudo faço por teu pai,
para vingá-lo, não me dás apoio algum
e tentas impedir até a minha ação!
Aos nossos males vem juntar-se a covardia.
Dize também — ou se preferes eu direi —:
que lucraria pondo fim aos meus lamentos?
Não vivo? Mal, eu sei, mas é suficiente.
Sempre hostilizo nossos arquiinimigos
e talvez isso dê satisfação ao morto,
se os mortos podem ter qualquer satisfação.
Teu ódio, esse vive apenas em palavras;
de fato, segues os algozes de teu pai;
eu, entretanto, não me curvarei a eles
embora me prometam todos os presentes
que agora ostentas com tamanha vaidade;
mostre-se tua mesa cada vez mais farta
e sejam os teus dias superabundantes;
a mim, porém, me satisfaz só o bastante
para viver em paz com minha consciência.
Não pretendi em tempo algum teus privilégios,
nem os desejarias se fosses prudente.
Não queres juntar o teu nome ao de teu pai;
preferes reuni-lo ao dessa mãe perversa
para maior realce de tua baixeza,
traindo o pai vilmente morto e teus amigos!

CORIFEU

Não, pelos deuses! Não te entregues tanto à ira!
As duas colherão proveito certamente
se cada uma ouvir a opinião da outra.

CRISÔTEMIS

Dirigindo-se ao CORO.

De tanto ouvir estou acostumada, amigas,
a esses impropérios muito repetidos,
nem voltaria a discutir se não soubesse
que novos e maiores males a ameaçam,
capazes de acabar com todas as lamúrias.

ELECTRA

Prossegue! Quais serão os males? Se falares
de algum maior que os meus, eu não replicarei.

CRISÔTEMIS

Se queres realmente conhecê-los, falo.
Mandar-te-ão, se não mudares de atitude,
para confins onde jamais verás o sol;
lançada viva em escuríssima caverna
longe daqui, irás cantar teus males nela.
Reflete agora e não me culpes se mais tarde
vieres a sofrer; é tempo de pensar.

ELECTRA

Foi esta a decisão tomada pelos dois?

CRISÔTEMIS

Não tenhas dúvidas; logo que volte Egisto.

ELECTRA

Se depende só disso, volte sem demora!

CRISÔTEMIS

Pareces transtornada! Que desejo é este?

ELECTRA

Que volte sem demora! Não me atemorizam!

CRISÔTEMIS

Para sofreres mais ainda? Já não pensas?

ELECTRA

Para ficar distante dessa gente toda.

CRISÔTEMIS

Não cuidas nesta hora nem de tua vida?

ELECTRA

É grande maravilha minha vida agora...

CRISÔTEMIS

Mas poderia ser, se fosses razoável.

ELECTRA

Não me aconselhes a trair os meus amigos!

CRISÔTEMIS

Ensino a recuar diante dos mais fortes.

ELECTRA

Adula-os! Tuas palavras não me afetam!

CRISÔTEMIS

Sei, mas prefiro não cair por teimosia.

ELECTRA

Pois cairei, mas exaltando nosso pai!

CRISÔTEMIS

Procedo assim, mas ele me perdoará.

ELECTRA

São agradáveis aos covardes tais palavras...

CRISÔTEMIS

Não cederás, então, nem ouvirás conselhos?

ELECTRA

Jamais serei tão insensata! Não e nunca!

CRISÔTEMIS

Então retomarei o meu caminho, irmã.

ELECTRA

Aonde vais? As oferendas, a quem levas?

CRISÔTEMIS

São para nosso pai; mandou-as nossa mãe.

ELECTRA

Mas, como? À pessoa que ela mais odiou?

CRISÔTEMIS

À sua vítima, se é isso que insinuas.

ELECTRA

Quem a persuadiu? Desejo estranho esse...

CRISÔTEMIS

A causa desta vinda foi um sonho insólito.

ELECTRA

Deuses dos meus avós! Enfim estais comigo!

CRISÔTEMIS

Anima-te o terror de nossa mãe agora?

ELECTRA

Responderei se me contares todo o sonho.

CRISÔTEMIS

Do sonho quase nada sei para contar.

ELECTRA

Revela-me esse quase nada; muitas vezes
poucas palavras perdem-nos ou então salvam-nos.

CRISÔTEMIS

Disseram que ela viu meu pai ressuscitado;
ele, empunhando o cetro régio muito antigo,
plantou-o em terra; o cetro transformou-se em árvore
imensa, recobrindo o chão micênio inteiro.
Eis a visão; ao despertar, quis Clitemnestra
comunicá-la ao Sol em suas orações;
o medo fê-la então pensar nas oferendas.
Peço-te pelos deuses! Ouve! Não te perca
a insensatez, irmã! Se agora me repeles,
depois me buscarás, no dia da desgraça!

ELECTRA

Não deixes nada do que tens tocar no túmulo!
Nem os preceitos dos mortais, nem os divinos
permitem a consagração das oferendas
mandadas pela mais perversa das esposas;
será mais natural deixar que o vento as leve
ou escondê-las todas no âmago da terra,
onde jamais possam ir perturbar meu pai;
e quando tua mãe morrer, vá encontrá-las
intactas e guardadas para ela mesma!
Se lhe restasse um mínimo de sentimento
nunca haveria Clitemnestra de pensar
em espargir as libações abomináveis
— mensagem pérfida de óbvia inimizade —
sobre o jazigo de meu pai, de sua vítima!
Supões que o morto acolherá com alegria
presentes dessas mãos manchadas pelo crime,
das mãos que o mutilaram e o assassinaram
como se fosse um inimigo e não marido,

perversas mãos profanadoras que limparam
o sangue ainda quente nos cabelos dele?
Pensas que as oferendas dela apagam crimes?
Não é possível! Deixa-as de lado, irmã;
põe sobre a sepultura alguns de teus cabelos[21];
por mim — é tudo quanto posso dar, coitada! —
dedica-lhe estes meus cabelos maltratados
e este modesto cinto gasto pelo uso.
Prosterna-te diante do sepulcro e roga
a nosso pai que saia do seio da terra
e nos ajude contra nossos inimigos
e mande-nos seu filho para derrotá-los!
Se as nossas súplicas chegarem até ele
iremos no porvir ao túmulo paterno
com mãos muitíssimo mais cheias que as de agora.
Vejo no sonho aterrador de Clitemnestra
a participação de nosso nobre pai;
se deres acolhida ao meu pedido justo
serás tão útil a ti mesma quanto a mim
e ao mais merecedor de apreço entre os mortais,
a nosso pai, que hoje repousa lá no Hades.

CORIFEU

Há piedade em todas as palavras dela.
Atende! Age como ela pediu, Crisôtemis!

CRISÔTEMIS

Vou e obedecerei; não é sensato opor-me;
se isto é justo, manda-me a razão ceder.
Silenciai enquanto estou agindo, amigas;
se minha mãe mesmo de longe suspeitasse,
a desobediência custaria caro.

Afasta-se CRISÔTEMIS.

CORO

Se somos profetisas confiáveis
e nossa mente não quer enganar-nos,
há de a justiça pressentida vir

trazendo-nos a vitória ansiada
em suas mãos; ela virá vingar-nos
sem mais delongas. Volta-nos o ânimo
com a descrição do sonho transparente.
Teu pai, senhor dos gregos vencedores,
não está esquecido, e nos lembramos
da lâmina de bronze de dois gumes
que o golpeou insidiosamente
e lhe tirou a vida. Há de a vingança
vir com pesados, incontáveis pés
e numerosas mãos, dissimulada
em lúgubre cilada inevitável.
Quem não devia deixou-se envolver
em bodas ímpias, mortais, adúlteras[22],
caindo numa voragem fatídica.
Pelos sinais, agora, com certeza
virá para os verdugos e seus cúmplices
o mais cruel de todos os castigos;
se deste sonho nada resultar,
não há nessas negras visões noturnas
nem vaticínios nem simples mensagens
para nós todos, mortais indefesos!
Ah! Corrida remota do rei Pêlops[23],
tão fértil em desditas infindáveis!
Como foste funesta à nossa raça!
Desde que Mírtilo sumiu nas ondas,
lançado brutalmente de seu carro,
jamais esteve ausente desta casa
a violência pródiga em desgraças.

Aparece CLITEMNESTRA, *seguida de uma servente, também com oferendas fúnebres.*

CLITEMNESTRA

Dirigindo-se a ELECTRA.

Vejo-te espairecer de novo, como queres,
aproveitando a ausência do zeloso Egisto,
pois ele não te deixa, quando está presente,
transpor as portas para injuriar amigos.
A mim, tu não me dás a mínima importância,

embora fales muito e sempre a toda gente
de minha rispidez, do tratamento injusto
e insultos meus a ti e a teus poucos sequazes.
Não te desconsidero nem sou insolente,
e se te falo com severidade às vezes
é que tu mesma me provocas e destratas.
Matei — pretextas sempre — teu querido pai:
sim, fui eu mesma, não irei negar agora,
mas não fui eu sozinha; estava com a justiça
que acatarias se não fosses temerária.
Pois esse pai, por quem ainda e sempre choras,
foi entre os gregos todos o único a ousar
sacrificar aos deuses a filha inocente[24],
sem meditar nas minhas dores quando a tive!
Por que, a quem teu pai tirânico imolou-a?
Dirás que pelos gregos. Poderia ele
assassiná-la? Mas se foi por Menelau[25],
por seu irmão, mereceria ou não castigo?
Dois filhos tinha Menelau, que com razão
de preferência à minha filha deveriam
ter sido as vítimas do sacrifício bárbaro,
pois foi Helena a causadora da contenda.
Teria o Hades tanta fome de meus filhos,
levando-me Ifigênia em vez dos outros dois,
filhos de Helena sedutora e Menelau?
Teria esse pai sem coração perdido
toda a ternura pelos filhos de meu ventre?
Conheces homem mais perverso e insensível?
Sei que discordas, mas meu pensamento é este
e se tivesse voz a minha filha morta
diria o mesmo; devo, então, sentir remorsos?
Aí estão meus sentimentos; se os reprovas,
vê se teu próprio julgamento é mais sensato
antes de censurar quem discorda de ti.

ELECTRA

Não digas desta vez que fui provocadora
e apenas replicaste; se me dás licença,
externarei minhas idéias a propósito
do fim de minha irmã, da morte de meu pai.

CLITEMNESTRA

Permitirei; se me falasses sempre assim,
não me seria tão penoso ouvir-te, Electra.

ELECTRA

Pois falo. Admites o assassínio de meu pai.
Haveria palavras mais cruéis que essas,
fosse o teu crime inominável justo ou não?
E digo que não o mataste justamente;
foste induzida pelo companheiro pérfido
com quem prossegues convivendo ainda hoje.
Pergunta à caçadora Ártemis o insulto[26]
que ela puniu sustando os ventos lá em Áulis[27]!
Ou eu direi pois dela não terás resposta.
Meu pai, segundo contam, passeava um dia
num bosque consagrado à deusa imaculada
quando, assustada com seus passos, irrompeu
malhada corça, rara, com os chifres longos;
ferindo-a, disse meu pai naquele dia
não sei que ímpias palavras de vanglória;
irada, Ártemis reteve a armada grega
e estipulou como resgate necessário
da corça morta por meu pai no bosque santo
o sacrifício ali de sua própria filha.
Foi condição imposta pela deusa casta
para tornar a expedição realizável,
tanto na ida como no retorno à Grécia.
Depois de muito relutar, desesperado,
meu pai sacrificou-a, não por Menelau.
Mas vou pensar por um momento como tu;
se para o bem de seu irmão ele a imolou
disso nasceu o teu direito de matá-lo?
Não viste que, criando semelhante lei,
ensejarias tua própria punição?
Se cada morte fosse castigada sempre
com outra morte, morrerias por vingança.
Não me convencem tão hipócritas desculpas,
pois crime mais infame inda praticas hoje:
convives como esposa com o celerado
que te ajudou a trucidar meu nobre pai;

tens filhos dele, e quanto aos teus primeiros filhos
— honrada prole de união abençoada —
tu os expulsas da mansão que lhes pertence!
Reputas dignas de elogios tais ações?
Vingas também a filha agindo dessa forma?
Se é esta a tua idéia, perdeste a vergonha!
Podes amar um inimigo por vingança?
Nem um conselho posso dar-te; não permites;
irás dizer que falo mal de minha mãe,
mas eu te considero menos mãe que algoz,
tão grandes são os males que me fazes hoje
para maior prazer de Egisto, teu comparsa.
Orestes, que de tuas mãos salvei a custo,
vive distante a vida inglória de exilado.
Acusas-me freqüentemente de o ter salvo
para punir mais tarde teu nefando crime;
assim faria se pudesse, tem certeza!
Aponta-me aos micênios como desleal,
como atrevida, até despudorada, ou mais,
pois se sou bem dotada dessas "qualidades"
recebi-as de ti; sou digna de teu sangue!

CORIFEU

Ela respira ódio e nem sequer lhe importa
saber se está ou não do lado da justiça.

CLITEMNESTRA

Dirigindo-se ao CORIFEU.

Que punição merece esta mulher? Insulta
desta maneira insólita a mãe idosa...
Não a julgas capaz de, sem hesitação,
chegar a extremos de torpeza inda piores?

ELECTRA

Tenho vergonha disto, embora não me creias;
não sendo mais criança ajo deste modo,
mas induzida por teus péssimos exemplos;
o mau procedimento faz proceder mal.

CLITEMNESTRA

Desrespeitosa criatura! Quanto assunto
te dão minhas palavras e minhas ações!...

ELECTRA

As más ações são tuas e as palavras más;
apenas a censura é minha; não estranhes,

CLITEMNESTRA

Por Ártemis! Há de custar-te muito caro
o atrevimento! Egisto te castigará!

ELECTRA

Viste? Permites-me falar e logo cedes
ao ódio habitual e me fazes calar!

CLITEMNESTRA

Depois de tanto abuso à minha permissão
pretendes impedir à custa de impropérios
que eu leve minhas oferendas ao defunto?

ELECTRA

Sou eu quem pede; vai, perfaze então os ritos;
esquece meus protestos; nada mais direi.

CLITEMNESTRA dirige-se ao altar de Apolo com uma criada.

CLITEMNESTRA

Ergue, criada, a dádiva de muitos frutos;
é hora de pedir ao deus que me liberte
de meus temores, tenham fundamento ou não.
Apolo protetor! Escuta as minhas súplicas
e sê benevolente se eu não for explícita!
Tenho inimigos e seria perigoso
expor meu pensamento com total clareza

sabendo que ela está perto de teu altar[28];
levada pela ira e por maledicência
ela divulgará pela cidade toda
rumores pérfidos. Terei de ser discreta.
Se for para meu bem, Apolo, concretiza
a singular visão que tive em sonho dúbio.
Mas se o inverso for verdade e anunciar
desastres iminentes, faze-os recair
inteiramente sobre nossos inimigos!
E se algum deles pensa mesmo em usurpar
o meu poder presente, não lhe dês apoio!
Peço-te a graça, deus, de sempre ser senhora
do cetro dos Atridas e de seus domínios,
vivendo bem com meus amigos atuais
e com meus filhos que não sintam pela mãe
nem desamor nem rancorosa prevenção!
Exalça, Apolo, minhas preces ansiosas
e acolhe minhas pretensões; elas são justas.
Quanto ao que tenho de calar, és deus, Apolo,
e facilmente poderás adivinhar;
tudo se evidencia aos filhos do bom Zeus.

Entra o PRECEPTOR, dirigindo-se às mulheres do CORO.

PRECEPTOR

Salve, senhoras! Estou certo imaginando
que este palácio é do famoso rei Egisto?

CORIFEU

Exatamente, forasteiro. É este mesmo.

PRECEPTOR

E porventura sou sagaz conjecturando
que esta senhora tão altiva é Clitemnestra?
Há muita majestade no seu porte nobre.

CORIFEU

Pensaste bem; é ela mesma, forasteiro.

PRECEPTOR

Salve, rainha! Trago-te notícias boas
e também para Egisto; manda-me um amigo.

CLITEMNESTRA

Acolho-te cordialmente, forasteiro,
mas gostaria de saber antes de tudo
o nome de quem te mandou até aqui.

PRECEPTOR

Seu nome é Fanoteu, rei da distante Fócida;
fui incumbido de cumprir grave missão.

CLITEMNESTRA

Qual, estrangeiro? Dize! Vinda de um amigo,
será sem dúvida agradável a mensagem.

PRECEPTOR

Em síntese, teu filho Orestes está morto.

ELECTRA

Ai! Que terrível dor! Agora estou perdida!

CLITEMNESTRA

Que dizes, forasteiro? Não lhe dês ouvidos!

PRECEPTOR

Se perguntas, repito: Orestes está morto.

ELECTRA

Pobre de mim! Nada mais sou! Estou perdida!

CLITEMNESTRA

Dirigindo-se a ELECTRA.

Cuida de ti somente! Não nos importunes!

Dirigindo-se ao PRECEPTOR.

Dize-me, forasteiro: como foi a morte?

PRECEPTOR

Fui enviado para isso; direi tudo.
Orestes foi aos renomados Jogos Píticos[29],
glória de toda a Hélade; com voz solene
o arauto apregoou tonitruantemente
o percurso pedestre — a prova inicial.
Teu filho apresentou-se lépido e brilhante,
maravilhando todos os espectadores;
correu e conquistou os louros da vitória.
Para dizer-te tudo em mínimas palavras,
jamais vi homem cujos feitos e triunfos
pudessem comparar-se aos dele nas disputas.
Em todas as competições anunciadas
(no duplo curso, no pentatlo, nas corridas)
ele foi o vitorioso incontestável.
O público o considerava felicíssimo,
ovacionando Orestes, filho de Agamêmnon
outrora comandante dos soldados gregos.
As duras provas transcorriam normalmente,
mas quando os deuses nos enviam infortúnios
nem mesmo os fortes são capazes de evitá-los.
No dia subseqüente, logo após a aurora,
teu filho retornou com novos adversários
para a competição dos carros mais velozes;
um era aqueu, outro espartano; dois da Líbia[30]
apresentaram-se com carros adornados;
Orestes era o quinto, com seus corcéis téssalos[31];
e veio o sexto com dois alazões etólios[32];
seguia-se na linha de partida Magnes;
era eniano o próximo competidor,
com seus corcéis imaculadamente brancos;

vinha de Atenas celebérrima o penúltimo
e o derradeiro concorrente era tebano[33].
Imóveis nos lugares predeterminados,
os carros aguardavam prontos o sinal;
ao toque nítido do estrídulo clarim
partiram todos incitando seus cavalos.
Na pista cheia elevava-se o estrépito
dos carros ruidosos em competição;
nuvens de denso pó subiam pelos ares;
brandiam aguilhões os hábeis condutores,
tentando cada um ultrapassar os outros;
em suas costas os corcéis resfolegavam
e relinchavam espumando nos seus flancos.
Orestes conduzia o leve carro célere
na faixa interna da pista ensurdecedora,
quase tocando nas balizas de contorno
a cada volta pelo extremo do percurso;
ele soltava as rédeas do corcel de fora,
enquanto procurava refrear o outro.
Desenrolava-se a corrida normalmente
mas num instante os dois corcéis desenfreados
do auriga eniano dispararam incontidos
na sexta volta, já bem próximos da sétima,
e o carro, ziguezagueando, foi chocar-se
contra os cavalos de um dos concorrentes líbios;
em conseqüência sucederam-se os desastres;
os carros se chocavam e desmantelavam-se,
despedaçando-se com pavoroso estrépito;
era pequeno o hipódromo para conter
os montes dos destroços do desastre hípico.
O competente condutor ateniense
pôde esquivar-se a custo, deixando passar
aquela sucessão de carros e cavalos.
Vinha por último teu filho, refreando
seus rápidos corcéis, poupando-os para o fim;
mas, ao ver que de tantos apenas restava
um dos competidores, incitou aos gritos,
na ânsia da vitória, os animais indóceis.
Os carros disparados iam empatados
e ora sobressaía um dos competidores,
ora o rival, na confusão vertiginosa.
Quando na volta extrema o infeliz Orestes

chegou mais perto da baliza de contorno
que transpusera tantas vezes sem tocar,
soltou as rédeas tensas do corcel da esquerda,
mas passou próximo demais; uma das rodas
bateu na aresta da baliza e despregou-se.
Orestes foi lançado fora de seu carro,
emaranhado nas rédeas de couro forte;
os dois cavalos, arrastando o corpo atado
desabalaram soltos pela pista afora.
A multidão gritou ao vê-lo acidentado
e lamentou o desenlace tão funesto
para teu filho, que vencera tantas provas
e estava ali caído e ia pelo chão
aos trambolhões; penalizado, um condutor,
contendo com dificuldade seus dois potros,
pôde soltar o corpo, tão ensangüentado
e mutilado que nem os amigos íntimos
foram capazes de reconhecer o morto.
Após o trágico acidente incineraram
o corpo de teu filho numa simples pira[34].
Trazemos-te, senhora, em urna brônzea, as cinzas,
restos mortais daquele poderoso corpo;
aqui terão as merecidas honras fúnebres.
Findou a descrição fiel, triste de ouvir
(se pode haver tristeza apenas em palavras);
mas o desastre visto foi muito mais triste.

CORIFEU

Agora extingue-se definitivamente
a raça régia dos senhores desta terra!

CLITEMNESTRA

Ah! Zeus! Que vou dizer destas notícias — boas?
Ou tristes mas convenientes? Dura sorte!...
Salvam-me a vida minhas próprias desventuras...

PRECEPTOR

É causa de consternação minha mensagem?

CLITEMNESTRA

Há um poder estranho na maternidade...
As mães jamais conseguem odiar os filhos,
nem quando maltratadas pelos mais perversos...

PRECEPTOR

Então fiz a longa jornada inutilmente?

CLITEMNESTRA

Inutilmente, não; por que inutilmente
se trazes a confirmação da morte dele?
Sim, dele que nasceu de minha própria alma
e se afastou de mim, da mãe que o concebeu,
e se refugiou em terras estrangeiras!
Depois de desterrar-se nunca mais o vi;
apenas ocupava-se de incriminar-me
e de acenar-me com seguidas ameaças,
tantas e tais que nem de noite nem de dia
pousava em minhas pálpebras o leve sono;
aniquilavam-me temores incessantes.
Mas a partir de agora sinto-me liberta
do medo dele e da perniciosa irmã,
que suga o próprio sangue de minha existência;
enfim irei viver em paz, apesar dela!

ELECTRA

Que desde o início da descrição do PRECEPTOR *ficara caída no chão, imóvel.*

Ai! Infeliz de mim!... O teu destino, irmão,
foi tão impiedoso e inda serves de alvo
a torpes recriminações de tua mãe!
O que já ia bem passou a ir melhor[35]...

CLITEMNESTRA

Tu, não, mas teu irmão vai bem lá onde está.

ELECTRA

Não ouves a blasfêmia, Nêmesis do morto[36]?

CLITEMNESTRA

Tudo ela ouve e tudo arranja a seu alvitre.

ELECTRA

Insulta! Nessa luta coube-te a vitória!...

CLITEMNESTRA

E dela não me privarás, nem tu, nem ele!

ELECTRA

Nem eu nem ele poderemos silenciar-te...

CLITEMNESTRA

Dirigindo-se ao PRECEPTOR *e apontando para* ELECTRA.

Se conseguisses refrear a sua língua
terias boa recompensa, forasteiro.

PRECEPTOR

Cumpri minha missão; regressarei, senhora.

CLITEMNESTRA

Ainda não! Se te deixasse ir agora
a recepção seria indigna de mim mesma
e de teu amo Fanoteu, que te mandou;
convido-te cordialmente a entrar; deixemo-la.

CLITEMNESTRA *e o* PRECEPTOR *dirigem-se ao palácio.*

ELECTRA

Parece-vos aflita esta perversa mãe

e compungida com a morte de seu filho?
Pois ela estava rindo! Ai! Infeliz de mim...!
Orestes muito amado! Matas-me, morrendo...!
Levaste quando foste às minhas esperanças
— que viverias e mais tarde voltarias
para vingar-me e a nosso pai. Mas ai de mim...!
A quem pedir auxílio? Só, sem ti, sem pai...
Terei de conformar-me com a fatalidade:
viver submissa aos assassinos de Agamêmnon.
Belo porvir!... Mas juro que prefiro a morte
a ter de conviver ainda com tal gente!
Deixar-me-ei ficar assim, fora das portas,
e só, consumirei a vida sem amigos.
Matem-me os assassinos se lhes sou hostil!
Se a vida é insuportável prefiro morrer!

CORO

Onde se escondem os raios de Zeus?
Onde se oculta o sol com seu fulgor?
Os deuses inda se comoverão?

ELECTRA

Ai! Ai de mim!...

CORIFEU

Não te lamentes tanto! Por que choras, filha?

ELECTRA

Só tenho lágrimas e me provocas...

CORIFEU

Por quê?

ELECTRA

Falas dos deuses, dando-me esperanças
quanto aos que já estão em outro mundo...

CORO

O rei Anfiarau — sabemos todas[37] —
foi vítima da sanha feminina,
mas hoje, nas profundezas da terra...

ELECTRA

Ai! Ai de mim! Como sou infeliz...!

CORO

... reina depois de ter ressuscitado!

ELECTRA

Ai! Ai de mim!

CORO

Sim! Ai de ti! Aquela mulher pérfida...

ELECTRA

... foi morta!

CORO

Sim, foi morta!

ELECTRA

Surgiu o vingador de Anfiarau,
mas para mim nenhum se mostrará;
rouba-me a morte aquele que viria...!

CORO

Revives mágoas incessantemente.

ELECTRA

Sei disso muito bem, amigas minhas;

é um fluxo constante de tristezas
terríveis, tenebrosas, incessantes...

CORO

Vemos correrem sempre as tuas lágrimas.

ELECTRA

Deixai-me, então, com elas, pois não posso...

CORO

Que dizes?

ELECTRA

... não posso mais viver entre ilusões
de que virá um dia meu irmão,
a última semente de meu pai...!

CORO

Um dia chega o fim de todos nós...

ELECTRA

Mas terminar assim, morrer assim,
levado por corcéis desenfreados,
emaranhado em rédeas retesadas?

CORO

Descomunal desastre! Morte horrível!

ELECTRA

Morrer longe de mim, de minhas mãos...

CORO

Desventurado Orestes! Ai de ti!

ELECTRA

... sem meus cuidados, sem as minhas lágrimas...

Entra CRISÔTEMIS correndo.

CRISÔTEMIS

Grande alegria faz-me vir correndo, irmã[38],
e minha pressa tira-me a moderação.
Sou portadora de agradáveis novidades
que hão de acabar com tuas muitas amarguras!

ELECTRA

Trouxeste algum alívio para minhas mágoas?

CRISÔTEMIS

Orestes já voltou! Eis a pura verdade!

ELECTRA

Perdeste o senso? Zombas de nossa desgraça?

CRISÔTEMIS

Não! Pelo túmulo de nosso pai, não zombo!
Estou mais que segura da presença dele!

ELECTRA

Pobre de mim!... Quem transmitiu essa notícia
em que acreditas pressurosa, minha irmã?

CRISÔTEMIS

Não creio por ouvir dizer, mas por ter visto.
As provas são cabais; não posso duvidar.

ELECTRA

Serão de fato convincentes essas provas?

Deves ter visto coisas realmente sérias;
estás excitadíssima, ou mesmo insana!

CRISÔTEMIS

Irás saber se sou sensata ou sou insana
quando me permitires relatar os fatos.

ELECTRA

Se gostas de contar histórias, fala, irmã...

CRISÔTEMIS

Então escuta bem. Quando me aproximei
do túmulo de nosso pai, vi oferendas,
vi leite recém-derramado em quantidade,
caindo sem parar da lápide no chão;
e vi também ramos de folhas inda frescas.
Fiquei atônita, mas consegui conter-me
e olhei atenta para um lado e para o outro,
tentando descobrir quem estivera lá;
vendo tudo tranqüilo nas proximidades,
criei coragem, avancei para mais perto
e percebi na lápide distintamente
cabelos louros em anéis inda viçosos.
Ao contemplá-los uma imagem conhecida
configurou-se em minha mente, clara e nítida:
previu minha alma naqueles simples vestígios
a tão querida presença de meu irmão.
Com devoção e com ternura recolhi-os;
a voz faltou-me e lágrimas irreprimíveis
de intenso júbilo correram de meus olhos.
Senti então, e ainda sinto neste instante,
que eram de Orestes os cabelos encontrados.
Não sendo meus nem teus, de mais ninguém seriam.
Eu não os dei nem tu (e como poderias,
se não permitem que te afastes sem escolta
nem mesmo para reverenciar os deuses?);
o coração de nossa mãe não é afeito
a esses atos, nem ela os praticaria
longe de nossos olhos, sem ostentação.

Só podem ser de Orestes essas oferendas!
Sê corajosa, irmã! Os fados que nos seguem
de maus podem tornar-se bons e este momento
será talvez prenúncio de melhores dias!

ELECTRA

Quanta pena tenho de ti desde o princípio!...

CRISÔTEMIS

Por quê? Não te causa alegria o meu relato?

ELECTRA

Não sabes por que sonhos vagas, nem por onde!...

CRISÔTEMIS

Mas devo duvidar do que meus olhos viram?

ELECTRA

Orestes está morto — ai de nós! Com ele
morreram nossas esperanças infundadas;
em teus projetos já não podes incluí-lo.

CRISÔTEMIS

Quanta desgraça!... Tens certeza dessa morte?

ELECTRA

Testemunhou-a quem nos trouxe a má notícia.

CRISÔTEMIS

Não posso crer!... Mas, onde está o mensageiro?

ELECTRA

Lá dentro, junto à nossa mãe satisfeitíssima.

CRISÔTEMIS

Pobre de mim!... E quem teria então trazido
as oferendas abundantes de que falo?

ELECTRA

Alguém mandado por Orestes moribundo.

CRISÔTEMIS

Ai! Ai de mim! Vim exultante e tão depressa,
com as novidades que julgava tão alegres
e finalmente um novo golpe nos atinge

ELECTRA

A tua história terminou, mas se me ouvires
talvez também acabem nossas amarguras.

CRISÔTEMIS

Será possível dar aos mortos vida nova?

ELECTRA

Não quero dizer isto. Julgas-me demente?

CRISÔTEMIS

Em tuas intenções incluis o meu auxílio?

ELECTRA

Sê corajosa, irmã, e apóia-me em meus planos!

CRISÔTEMIS

Conta comigo se for útil minha ajuda.

ELECTRA

Deves saber que nada é feito sem esforço.

CRISÔTEMIS

Irei até onde chegarem minhas forças.

ELECTRA

Vais conhecer, então, as minhas intenções[39].
Amigos, hoje sabes que não temos mais;
a morte exterminou-os; nós estamos sós.
Enquanto Orestes era vivo e prosperava,
tínhamos esperanças de vê-lo voltar
para vingar a morte do finado pai;
agora, todavia, após a morte dele,
só tu me restas e terás de auxiliar-me
a exterminar Egisto, algoz de nosso pai;
entre nós duas já não haverá segredos.
Por quanto tempo ainda ficarás inerte?
Ainda nutres quaisquer outras esperanças?
Hás de chorar quando te vires despojada
dos bens deixados por teu pai; e chorarás
quando sentires que jamais terás esposo.
Aguardarás inutilmente as tuas núpcias,
pois Egisto jamais permitirá que nasça
um filho teu ou meu para depois temê-lo.
Se resolveres aceitar os meus conselhos,
demonstrarás amor a Orestes e a teu pai
e recuperarás a liberdade antiga;
condignos pretendentes não te faltarão,
pois todos dão valor às naturezas nobres.
Pensa na fama imorredoura que há de vir
para ti mesma e para mim se me seguires.
Parece até que estou ouvindo desde agora
as expressões de conterrâneos e estrangeiros
elogiando-nos, unânimes, ao ver-nos:
"Olhai, amigos, as irmãs que, sós e frágeis,
salvaram a casa paterna ameaçada!
Seus inimigos, firmes no poder, mandavam,
mas elas, insensíveis a todos os riscos,
mataram-nos, vingando a morte de seu pai!
São ambas dignas de respeito e de homenagens
e onde as notar o povo há de prestar-lhes sempre
o preito de honra compatível com a bravura!"

Freqüentes vezes ouviremos tais palavras
e glória não nos faltará, vivas ou mortas.
Vamos, amiga! Unamo-nos! Tem fé em mim!
Irás lutar por teu irmão e por teu pai
e aliviar teus males e pôr fim aos meus!
Só os covardes podem viver desonrados!

CORIFEU

Em horas como a que viveis, a sensatez
é proveitosa a quem escuta e a quem fala.

CRISÔTEMIS

Dirigindo-se ao CORO.

Concordo, amigas; se ela fosse precavida
não falaria com tamanha indiscrição.

Dirigindo-se a ELECTRA.

Não podes esperar ajuda alguma, irmã,
e ainda ages com destemperada audácia
e incitas-me a seguir-te em teus ousados planos?
Ainda ignoras que és mulher, que não és homem,
e tua força é bem menor que a força deles,
e que a fortuna de teus inimigos cresce
enquanto a nossa cai e se reduz a nada?
Quem poderá manter-se vivo por mais tempo
tramando a queda de tão fortes adversários?
Se alguém ouviu tuas palavras, novos males
teremos de sofrer, maiores e piores.
Em que nos aproveitará morrer agora
se só depois de mortas nos aplaudirão?
Pior que a morte é desejar fugir do mundo,
da vida insuportável, e ter de viver!
Imploro, irmã, antes que seja exterminada
a nossa raça inteira; não odeies tanto!
Serei discreta para que tuas palavras
não tenham conseqüências tristes; sê prudente,
embora tarde, obedecendo a teus senhores!

CORIFEU

Escuta! Nada é mais benéfico aos mortais
do que prever e conduzir-se com prudência.

ELECTRA

Não me causam espanto estas ponderações;
Já esperava pela tua negativa.
Pois seja! Assumirei então os riscos todos,
e só! Minha resolução é inabalável!

CRISÔTEMIS

Por que não demonstraste a mesma decisão
quando meu pai morreu? Que não terias feito!...

ELECTRA

Não era diferente a minha natureza,
mas meu espírito não amadurecera.

CRISÔTEMIS

Melhor seria se ele estivesse imaturo...

ELECTRA

Não contarei contigo; poupa tuas forças.

CRISÔTEMIS

Não contes; pode ser funesto o resultado.

ELECTRA

De minha parte não escutarás louvores.

CRISÔTEMIS

Não jures; muito tempo ainda passará...

ELECTRA

Retira-te! Não há boa vontade em ti!

CRISÔTEMIS

Enganas-te. Não dás ouvidos ao bom senso.

ELECTRA

E quando fores, conta tudo à tua mãe!

CRISÔTEMIS

Por quê? Não sinto o mínimo rancor por ti.

ELECTRA

Como não sentes se me queres desonrada?

CRISÔTEMIS

Desonra, não! Somente penso no teu bem.

ELECTRA

Devo fazer apenas o que julgas justo?

CRISÔTEMIS

Quando fores sensata poderás guiar-nos.

ELECTRA

Que lástima falar tão bem e agir tão mal!...

CRISÔTEMIS

Descreves muito bem as tuas próprias faltas.

ELECTRA

Como? Não te pareço falar justamente?

CRISÔTEMIS

Às vezes a justiça opõe-se à conveniência.

ELECTRA

Não desejo viver sujeita a estas leis.

CRISÔTEMIS

Segue teus planos; logo me darás razão.

ELECTRA

Segui-los-ei; não me farás retroceder.

CRISÔTEMIS

Insistes? Não irás mudar de pensamento?

ELECTRA

Mudar de idéia é um péssimo defeito!

CRISÔTEMIS

Discordas sempre do que digo! Não transiges!

ELECTRA

É inabalável minha deliberação.

CRISÔTEMIS

Então vou retirar-me; não queres ouvir-me
e quanto a mim jamais aprovarei teus planos.

ELECTRA

Pois vai! Agora nossos rumos são diversos;
foi vão o meu esforço para convencer-te.

CRISÔTEMIS

Tens na mais alta conta a tua sensatez.
Conserva-te sensata como te imaginas;
Dirás nas horas tristes a quem falta o senso.

CORO

Quando vemos os pássaros alígeros[40]
nutrindo, cuidadosos, por instinto,
os mais idosos que antes os criaram,
por que não nos quitamos dessa dívida
com devoção pelo menos igual?
Não! Pelos raios fúlgidos de Zeus
e pela etérea Têmis justiceira [41]
não ficarão impunes os ingratos!
Rumor recôndito que vais aos mortos[42]!
Leva nosso piedoso grito ao túmulo
do Atrida, ilustre vencedor de Tróia[43],
mensagem triste em tom desalentado;
dize-lhe que periga a sua raça
enquanto entre as herdeiras de seu sangue
luta renhida põe em risco a paz
dos dias plácidos! Electra, só,
abandonada, enfrenta a tempestade,
banhada em lágrimas inesgotáveis
como se fosse um rouxinol plangente,
chorando seu infortunado pai!
A própria morte não te causa medo;
ela descuida até de sua vida
na ânsia de matar as duas Fúrias[43a].
Existirá criatura mais nobre?
Nenhuma alma pura quererá
deixar depois de si um nome vil
por preferir uma existência indigna,
incompatível com a boa fama.
Estás agindo heroicamente, filha,
tu, que preferes o pranto sem fim
à convivência com a desonra ignóbil.
Merecerás louvores redobrados
como a mais santa e a melhor das filhas!
Conceda o céu que ainda te vejamos

no auge do poder e da riqueza,
mais forte que teus inimigos pérfidos
em vez de ser humilhada por eles!
Agora tua vida não é próspera;
só não te falta o reconhecimento
pela fidelidade incontestável
às mais sublimes leis da natureza
e pelo culto a Zeus onipotente!

Entra ORESTES seguido por PÍLADES e dois criados.

ORESTES

Dirigindo-se ao CORO.

Senhoras, fomos porventura bem guiados[44]
e estamos caminhando para nossa meta?

CORIFEU

Quem tu procuras e com que desejos vens?

ORESTES

É meu desejo ir ao palácio ver Egisto.

CORIFEU

Então andaste bem e foi bom o teu guia.

ORESTES

E quem de vós irá dizer aos lá de dentro
que já chegou a comitiva anunciada?

CORIFEU

Apontando para ELECTRA.

Vá esta, então; é a mais próxima parenta.

ORESTES

Dirigindo-se a ELECTRA.

Pois vai, senhora, e leva-lhe nossa mensagem:
somos foceus e desejamos ver Egisto[45].

ELECTRA

Pobre de mim! Vieste confirmar, sem dúvida,
rumores já ouvidos há poucos momentos.

ORESTES

Nada sabemos de rumores; rei Estrófio[46]
mandou-nos vir com novidades sobre Orestes.

ELECTRA

E quais são elas, forasteiro? Tenho medo...

ORESTES

Apontando para uma urna que os criados trazem.

Trazemos nesta urna de pequeno porte
os restos diminutos... Como vês, morreu...

ELECTRA

Que horror! Tenho diante de meus próprios olhos,
em vossas mãos, a prova de minha desgraça!...

ORESTES

Se te comove a sina do coitado Orestes,
encontrarás os restos dele nesta urna.

ELECTRA

Estando aí os restos, deixa-me, senhor[47]
tomá-la em minhas mãos, chorar e lamentar

não só as cinzas dele mas a mim também
e a uma raça toda agora agonizante!

ORESTES

Dirigindo-se aos criados.

Trazei-a, servos, e entregai-a a esta dama;
não sei quem é, porém se tanto se condói
ou foi amiga ou é parenta do finado.

Os criados entregam a urna a ELECTRA.

ELECTRA

Ah! última recordação do muito amado[48],
relíquia lastimável da vida de Orestes!
Quão diferente das sentidas esperanças
com que te vi partir regressas nesta urna!
Que recebo nas mãos neste momento? Nada!
E quando foste, irmão, estavas tão formoso...
Ah! Quem me dera ter morrido, antes de ver-te
seguir para remotas regiões!... Livrei-te
com estas minhas mãos e te salvei da morte,
mas, para quê? Naquele dia morrerias
e jazerias no sepulcro de teu pai.
Quis o destino que, longe do lar, da pátria,
longe de mim, morresses desgraçadamente!...
E minhas mãos não compuseram teu cadáver,
nem recolheram, piedosas, tuas cinzas;
Trazido por estranhas mãos, vens reduzido
a uns restos mortais de cinza e nada mais!
Ah! Infeliz de mim por meus cuidados vãos,
motivos de freqüentes e doces fadigas!
Jamais a tua mãe te amou como te amei,
e com desvelo igual ninguém cuidou de ti;
(chamaste-me de irmã querida tantas vezes!...)
Levaste quando foste as nossas esperanças;
meu pai morreu; morreste, irmão! Morro contigo!
Mas nossos inimigos estão rindo! A mãe
que nada tem de mãe quase perdeu o senso,
tão satisfeita está com tua morte, Orestes!

E pretendias castigá-la em teu regresso!...
Mas este trágico destino teu e meu
destruiu tudo e chegam-me de volta agora
apenas estas cinzas e desilusões
em vez de tua esperadíssima presença!...

ELECTRA começa a chorar.

Ai! Infeliz de mim! Tristes despojos[48a]!
Ai! Ai de mim! Quanta infelicidade!
Dura separação, fatal viagem
a que te expus para meu desespero!
Apenas desespero, irmão querido!
Leva-me, Orestes, desta vida horrível,
a mim, que nada sou, para teu nada,
onde eu possa afinal ficar contigo
por toda a eternidade! Enquanto vivos,
nosso destino sempre foi igual;
compartilhemos hoje o mesmo túmulo,
pois só depois da morte as mágoas cessam!

ELECTRA chora convulsivamente.

CORIFEU

Teu nobre pai, Electra, era mortal; ou não?
Orestes também era; por que choras tanto
se todos vamos ter um dia o mesmo fim?

ORESTES

Não posso dominar-me!... Tenho de falar[49]!
Já não consigo impor silêncio à minha boca!

ELECTRA

Mais calma.

Que falas? Algo te perturba, forasteiro?

ORESTES

Ah! Dize-me, senhora: teu nome é Electra?

ELECTRA

Este é o nome da muito infeliz que sou...

ORESTES

Lamento imensamente tanta desventura!...

ELECTRA

Será mesmo de mim que te condóis, senhor?

ORESTES

Devem ser grandes tuas penas. Sinto muito[50]...

ELECTRA

Tuas palavras cabem-me como a ninguém.

ORESTES

Destino amargo!... Sem esposo... Desditosa ...

ELECTRA

Por que te mostras comovido, forasteiro?

ORESTES

Não tinha consciência de meus próprios males...

ELECTRA

E como percebeste isso neste instante?

ORESTES

Vendo teus sofrimentos, tantos e tão grandes.

ELECTRA

Pois vês pequena parte de minhas desgraças.

ORESTES

Existirão ainda outras, e piores?

ELECTRA

Existem; forçam-me a viver com os assassinos.

ORESTES

De que assassinos falas? Quem eles mataram?

ELECTRA

Meu pai. E mais ainda: sou escrava deles!

ORESTES

Quem te sujeita a tão cruel constrangimento?

ELECTRA

Dão-lhe o nome de mãe, mas das mães nada tem.

ORESTES

Como procede? É rude? Priva-te de quê?

ELECTRA

É rude, priva-me de tudo e atormenta-me.

ORESTES

Não há quem possa socorrer-te e moderá-la?

ELECTRA

Aqui estão as cinzas de quem poderia.

ORESTES

Ah! Infeliz! É tão penoso ver-te assim!...

Electra

Pois ouve: apenas tu tens compaixão de mim.

Orestes

Porque somente a mim me tocam tuas mágoas.

Electra

Serás alguém de nossa raça, porventura?

Orestes

Apontando para as mulheres do Coro.

Orestes

Responderia, se todas fossem amigas[51].

Electra

Mas são amigas, sim, e todas devotadas!

Orestes

Responderei, então, mas põe de lado a urna.

Electra

Apertando a urna contra o peito.

Não! Pelos deuses, forasteiro! Isto não!

Orestes

Confia em mim e tudo ficará melhor!

Electra

Suplico-te! Não me tires o que mais quero!

ORESTES

Não deves insistir em tê-la junto a ti.

ELECTRA

Dirigindo-se à urna.

Serei ainda mais desventurada, Orestes,
se não me permitirem sepultar-te as cinzas!

ORESTES

Evita maus agouros e não chores mais!

ELECTRA

Devo cessar de lamentar meu irmão morto?

ORESTES

Não uses tais palavras a respeito dele!

ELECTRA

Julgas-me então indigna de falar do morto?

ORESTES

Indigna de ninguém!

Apontando para a urna.

Mas isto não é nada[52].

ELECTRA

É muito, se contém as cinzas de um irmão!

ORESTES

Mas não contém; tudo foi pura encenação.

ORESTES tira gentilmente a urna das mãos de ELECTRA.

ELECTRA

Então onde é a tumba do infeliz Orestes?

ORESTES

Em parte alguma; os vivos não têm sepultura.

ELECTRA

Que me dizes, menino[53]?

ORESTES

Digo-te a verdade.

ELECTRA

Então ele inda vive?

ORESTES

Não pareço vivo?

ELECTRA

És ele?

ORESTES

Sou. Observa bem este sinete[54],
outrora de meu pai, e dize se não sou!

ELECTRA

Bendito dia!

ORESTES

Mais ainda para mim!

ELECTRA

É esta a tua voz?

ORESTES

Só esta escutarás!

ELECTRA

Abraçando ORESTES.

Tenho-te então nos braços?

ORESTES

Terás para sempre!

ELECTRA

Dirigindo-se ao CORO.

Amigas minhas! Eis Orestes! Contemplai-o!
Fingindo-se de morto, ei-lo afinal de volta,
vivo e saudável, graças a seu fingimento!

CORIFEU

Estamos vendo, filha, e por esta ventura
choramos incontidas lágrimas de júbilo!

ELECTRA

Filho de um pai extremamente amado[55],
chegaste aqui de volta finalmente!
Vieste, achaste e viste quem querias!

ORESTES

Este era o meu desejo, mas guarda silêncio!

ELECTRA

Por quê?

ORESTES

Calemos ambos; alguém pode ouvir-nos.

ELECTRA

Não! Pela deusa virgem! Não! Por Ártemis!
Não há motivos para recearmos
mulheres indolentes confinadas
lá no palácio, simples peso inútil!

ORESTES

Não deves esquecer, porém, de que há mulheres
de espírito viril, e tu és uma delas.

ELECTRA

Ouvindo-te falar vem-me à memória
a imensidade de meu infortúnio
indisfarçável e nunca esquecido...

ORESTES

São óbvios teus motivos; no momento próprio
serão rememorados esses fatos tristes.

ELECTRA

Mas todos os momentos — todos, sim! —
seriam próprios para meus queixumes.
Quase não tive até o teu retorno
meus lábios livres para os expressar.

ORESTES

Concordo, mas resguarda tua liberdade.

ELECTRA

Dize-me, então, o que devo fazer.

ORESTES

Não fales muito, pois seria inoportuno.

ELECTRA

Como trocar a voz pelo silêncio
se regressaste enfim a teu palácio?
Como calar, agora que te vejo,
quando já nem pensava, nem sonhava?

ORESTES

Pois já me tens; só hoje os deuses permitiram.

ELECTRA

Ouvindo-te dizer que retornaste
mandado pelos deuses, rejubilo-me;
estás de volta por favor divino.

ORESTES

Custa-me cercear o teu contentamento,
mas estas efusões podem causar desgosto.

ELECTRA

Tardaste muito a devolver-me a paz
com teu regresso à nossa terra; agora...

ORESTES

Que fiz?

ELECTRA

Não me roubes este consolo
tão doce! Não me obrigues a deixar-te!

ORESTES

Mas nem forçado eu te abandonaria, Electra!

ELECTRA

Atendes-me?

ORESTES

E por que não te atenderia?

ELECTRA

Dirigindo-se ao CORO.

Ouvi, amigas minhas, uma voz
que julgava calada para sempre;
como manter contidas, nesta hora,
as emoções, sem gritos de alegria?

Dirigindo-se a ORESTES.

Sofri demais, mas hoje estás comigo!
Desfruto a claridade, meu irmão,
dessa tua presença tão querida
que sempre aparecia à minha mente,
mesmo no auge de meu desespero.

ORESTES

Evita todas as palavras dispensáveis;
não fales dos crimes cruéis de nossa mãe;
omite as prodigalidades de seu cúmplice,
Egisto, dilapidador de nossos bens;
a descrição consumiria muito tempo.
Fala, antes, de coisas que nos favoreçam
na pronta realização de nossos planos:
onde nos mostraremos ou esconderemos?
Qual a maneira mais segura de pôr fim
à torpe usurpação de nossos inimigos?

Cuidado! Se não conseguires dominar-te,
quando chegarmos ao palácio com a urna
nosso segredo se exporá à tua mãe
em teu semblante alegre; ensaia algum lamento
pelo falso desastre que lhe relataram;
teremos tempo, após a próxima vitória,
para manifestar o nosso regozijo.

ELECTRA

Tudo se passará como mandaste, irmão[56];
o meu contentamento é teu, não me pertence;
nem o maior dos bens seria desejável
à custa do menor transtorno para ti;
não fosse assim, eu estaria sendo ingrata
aos deuses poderosos, nossos protetores.
Já sabes como vão as coisas por aqui?
Egisto se ausentou, mas volta ainda hoje,
e nossa mãe está lá dentro, mas não temas
que em hora alguma eu lhe apareça sorridente;
meu ódio antigo permanece inalterado.
Apresentar-me-ei com lágrimas nos olhos
porque também se chora de alegria, Orestes.
Parece-te excessivo o meu contentamento?
Não devo estar alegre se num mesmo dia
primeiro regressaste morto e depois vivo?
Tanta perplexidade tudo isto causa
que se eu visse voltar meu pai, ressuscitado,
não descreria nem assim de meus sentidos;
a tua vinda não foi menos milagrosa.
Dispõe de mim; ordena e obedecerei[57].
Ainda que faltasses eu já decidira:
matá-los-ia, mesmo só, ou morreria!

ORESTES

Silêncio, irmã! Alguém saiu lá do palácio!

Aparece o PRECEPTOR, vindo do palácio.

ELECTRA

Dirigindo-se a ORESTES e PÍLADES.

Vinde, estrangeiros, pois nesta missão bendita
ninguém irá dificultar os nossos passos,
nem mesmo os que tiverem de sofrer com isso.

PRECEPTOR

Dirigindo-se a ELECTRA e a ORESTES.

Crianças insensatas! Não prezais a vida?
Ou a temeridade não vos deixa ver
que vos achais já não direi apenas próximos
mas dentro da voragem de mortais perigos?
Não fossem meus cuidados os vossos projetos
decerto anteceder-vos-iam no palácio!
Mas felizmente fui capaz de proteger-vos.
Agora terminai essas falas sem fim,
os repetidos gritos de contentamento,
e entrai; não deve haver delongas nestas horas;
é tempo de levar a termo nossos planos.

ORESTES

Será propícia para mim a ocasião?

PRECEPTOR

Ninguém te reconhecerá; não há perigo.

ORESTES

Anunciaste a minha morte no palácio?

PRECEPTOR

És simples sombra para a gente lá de dentro.

ORESTES

Foi grande a alegria deles? Que disseram?

PRECEPTOR

Direi no fim; agora tudo marcha bem
lá dentro para nós, até o que vai mal.

ELECTRA

Podes dizer quem é este ancião, Orestes?

ORESTES

Não adivinhas?

ELECTRA

Não consigo descobrir...

ORESTES

Não lembras mais das mãos em que me depuseste?

ELECTRA

Que mãos? Que dizes?

ORESTES

As que outrora me levaram,
graças a ti, até os campos lá da Fócida.

ELECTRA

Será aquele mesmo que no dia horrível
da morte de meu pai foi meu único amigo?

ORESTES

Exatamente, mas não faças mais perguntas.

ELECTRA

Quanta ventura junta! Eis também de volta

o homem que evitou o fim de nossa raça!
És realmente o salvador de meu irmão
e meu também? Abençoadas mãos as tuas!
Mas, como conseguiste, servo fidelíssimo,
permanecer por tantas horas junto a mim
sem revelar quem eras nem dar um sinal
da luz que chega enfim ao meu destino negro,
e até amargurando-me com tuas fábulas
enquanto me ocultavas a melhor verdade?
Salve, meu pai, pois foste para mim um pai!
Bem-vindo sejas, mas no transcurso de um dia[58]
senti por ti rancor tão grande e tanto amor
quanto jamais sentira por nenhum mortal!

PRECEPTOR

Compreendo-te, mas pára; as coisas do passado
são tantas que dias seguidos, muitas noites
consumirei para poder contá-las todas.

Dirigindo-se a ORESTES e a PÍLADES.

Eis meu conselho quanto a vós: vamos agir!
Neste momento Clitemnestra está sozinha;
estão ausentes do palácio os homens todos
mas se vos demorardes tereis pela frente
não um casal apenas, porém inimigos
em muito maior número e mais destemidos.

ORESTES

Amigo Pílades, ouvimos o bastante;
entremos já! É hora da resolução!
Peçamos proteção aos deuses da família,
constantes defensores destas portas amplas.

Entram ORESTES e PÍLADES pela porta central do palácio, levando a urna, seguidos pelo PRECEPTOR. ELECTRA continua fora.

ELECTRA

Protege-os, Apolo! Ajuda-me também!

Ah! Quantas vezes vim depor em teu altar
piedosas oferendas, quase sempre humildes,
pois outras não podiam minhas mãos devotas!
Com todas as preces que sei, divino Apolo,
venho pedir-te, suplicar, rogar ansiosa:
sê-nos propício, apóia nossas intenções
e mostra aos ímpios o castigo merecido
que o céu inexoravelmente lhes envia!

ELECTRA dirige-se também ao palácio.

CORO

Avança agora a morte inexorável
querendo sangue! Acabam de transpor
as portas do palácio as negras Fúrias,
perseguidoras lentas mas fatais
da culpa tenebrosa! Em pouco tempo
tornar-se-á enfim realidade
a nítida visão de nosso espírito.
O núncio das soturnas divindades[59].
insinuou-se na morada muito antiga
de seus antepassados nobilíssimos,
tendo a morte cortante em suas mãos.
Hermes, o filho ardiloso de Maia[60],
dissimula nas sombras a cilada
e mostra o rumo; o fim já se aproxima!

Reaparece ELECTRA, vinda do palácio.

ELECTRA

Silêncio, amigas! Tudo se consumará
dentro de pouco tempo; fiquemos atentas.

CORIFEU

Que acontecerá?

ELECTRA

Ela cuida da urna
e das exéquias; eles estão a seu lado.

CORIFEU

Por que saíste?

ELECTRA

Espero o retorno de Egisto;
não queremos que volte sem ser pressentido.

CLITEMNESTRA

Gritando de dentro do palácio.

Ai! Ai de mim!
Vejo-me só e a casa cheia de assassinos!

ELECTRA

Alguém está gritando! Vós também ouvistes?

CORIFEU

Ouvimos... Temos medo... Ah! Se não ouvíssemos!...

CLITEMNESTRA

Estou perdida! Ai! Egisto! Onde estás?

ELECTRA

Gritam de novo, amigas minhas! Ouço os gritos!

CLITEMNESTRA

Matas quem te deu vida, Orestes? Ai! Meu filho!

ELECTRA

Tu não tiveste piedade ou compaixão
nem dele, nem de nosso pai que assassinaste!

CORO

Ah! Reino e raça malfadados! Ai!
Consuma-se neste momento exato
o fado que sempre nos perseguiu!

CLITEMNESTRA

Estou ferida!..

ELECTRA

Fere mais, Orestes! Fere!

CLITEMNESTRA

Ai! É a morte!...

ELECTRA

Assim pereça o teu Egisto!

CORO

As maldições ainda estão agindo!
Os enterrados vivem! Corre o sangue
pelo sangue que já se derramou,
sugado dos verdugos pelas vítimas!

CORIFEU

Eles já voltam. As mãos sangrentas gotejam
do sacrifício feito; não vou censurá-los.

ELECTRA

Orestes! Como foste?

ORESTES

Tudo marcha bem
se estão corretas as divinas profecias.

ELECTRA

A culpada morreu?

ORESTES

Não a receies mais;
já não te humilhará como antes Clitemnestra.

CORIFEU

Silêncio! Egisto se aproxima! Está chegando!

ELECTRA

Dirigindo-se a ORESTES e a PÍLADES.

Escondei-vos os dois!

ORESTES

Mas onde vês Egisto?

ELECTRA

Ali, muito contente e quase em nossas mãos!

CORIFEU

Dirigindo-se a ORESTES e a PÍLADES.

Voltai depressa e ocultai-vos no vestíbulo!
Sede felizes como até agora fostes!

ORESTES

Seremos; confiai!

ELECTRA

Então andai depressa!

ORESTES

Estamos indo!

ELECTRA

Cuidarei de tudo aqui.

ORESTES e PÍLADES tornam a entrar no palácio.

CORO

Será prudente recebê-lo agora
saudando-o com falsa gentileza;
desprevenido, ele perecerá
na trama da justiça pertinaz.

Entra EGISTO.

EGISTO

Onde estarão os estrangeiros recém-vindos
para dizer-nos que afinal morreu Orestes,
segundo afirmam, num desastre com seu carro?

Dirigindo-se a ELECTRA.

Tu mesma, com o teu orgulho e arrogância
(suponho que a notícia te atingiu de perto...),
indica onde? Certamente sabes! Onde?

ELECTRA

Eu sei... Não poderia deixar de saber,
pois preocupa-me o destino dos parentes...

EGISTO

Dize: que direção tomaram? Fala logo!

ELECTRA

Eles entraram no palácio há pouco tempo;
suponho que atingiram a fidalga dona[61]...

EGISTO

E confirmaram realmente a morte dele?

ELECTRA

Mais do que isto; trazem as provas da morte.

EGISTO

E poderei ver o cadáver? Onde está?

ELECTRA

Sim, podes. Não é dos melhores espetáculos...

EGISTO

Dás-me notícias agradáveis sem querer.

ELECTRA

Se tens motivos, solta as rédeas de teu júbilo!...

EGISTO

Abre de par em par, mas em silêncio, Electra,
as portas do palácio! Quero que os micênios
e todos os argivos vejam o cadáver[62];
se alguém ainda insiste em esperar a volta
de teu irmão, em face de tal evidência
há de curvar-se e aceitar o meu domínio,
antes de ser dobrado por castigo duro.

ELECTRA

Por mim, adoto a decisão mais ponderada[63]:
vou ser prudente; seguirei o vencedor.

ELECTRA abre a porta principal do palácio. ORESTES e PÍLADES vêm saindo. Empurram uma essa provida de rodas, sobre a qual está um cadáver coberto por um lençol, levando-a até onde está EGISTO.

EGISTO

Bom Zeus! Meus olhos vêem uma cena agora
capaz de provocar inveja até nos deuses!
(Se houver blasfêmia em minhas expressões, renego-as!).

Dirigindo-se a ORESTES e a PÍLADES.

Tirai depressa o véu que lhe recobre o rosto!
quero prestar-lhe o meu tributo de lamentos,
pois afinal de contas sou parente dele...

ORESTES

Retira tu o véu; repara no cadáver
e dize-lhe palavras ternas, se quiseres.

EGISTO

É bom conselho; aceito-o.

Dirigindo-se a ELECTRA.

Antes vai lá dentro
e chama Clitemnestra, se puderes vê-la.

ORESTES

Por que chamá-la se ela está perto de ti?

EGISTO descobre o cadáver num gesto brusco.

EGISTO

Não! Que vejo?

ORESTES

Tens medo? Estranhas este rosto?

EGISTO

Traição! No meio de que gente, em que cilada
eu vim cair?

ORESTES

Inda não percebeste, Egisto,
que os mortos — assim te expressavas — estão vivos[64]?

EGISTO

É muito tarde... Decifrei o enigma... E tu,
não podes ser senão Orestes são e salvo...

ORESTES

A percepção tardou; não és um bom profeta.

EGISTO

Estou perdido! Derrotado!... Ainda posso
dizer uma simples palavra?

ELECTRA

Pelos deuses!
Não lhe permitas, meu irmão, dizer mais nada,
nem defender-se! Se um mortal é envolvido
na trama do destino, que proveito há
em prolongar a vida por mais uns momentos?
Deves matá-lo já! Atira seu cadáver
distante de meus olhos, bem longe, aos abutres,
coveiros dos malvados desta qualidade!
Assim há de pagar os males que me fez!

ORESTES

Dirigindo-se a EGISTO.

Anda, e depressa! Para que falar? É inútil!
Não queremos palavras, mas a tua vida!

EGISTO

Por que me levas ao palácio? Se há justiça
em tua ação, por que procuras esconder-te?
Não quer a tua mão ainda golpear-me?

ORESTES

Não mandes! Mostra em que lugar meu pai foi morto!
Onde o mataram, lá tu morrerás! Caminha!

EGISTO

Quer o destino que o palácio dos Atridas
assista a todas as inúmeras desgraças
presentes e futuras da raça de Pêlops!

ORESTES

Às tuas, pelo menos; não sou mau profeta.

EGISTO

Teu pai não teve o dom de que te vanglorias!

ORESTES

Falas demais e te retardas! Vamos! Marcha!

EGISTO

Segue na frente!

ORESTES

Segue tu! Irás na frente!

EGISTO

Receias minha fuga?

ORESTES

Não escolherás
a forma de morrer e não te faltará
tortura alguma na hora de tua morte!
Queiram os céus que a firme espada vingadora
golpeie fatalmente todos os perversos!
Assim será menor a malvadez no mundo!

CORO

Bravos filhos de Agamêmnon!
Quantos males suportastes
por amor à liberdade!
Ei-la enfim recuperada
graças à vossa bravura!

FIM

NOTAS À *ELECTRA*

1. *Argos:* região do sudeste da Grécia, onde reinara Agamêmnon; sua cidade principal era Micenas, em cuja acrópole ficava o palácio real.

2. *Infeliz filha de Ínaco:* Ínaco, um rio divinizado, primeiro rei lendário de Argos; Io, sua filha, foi a primeira sacerdotisa do templo de Hera; Zeus, para livrá-la dos ciúmes de sua augusta esposa, transformou-a em novilha, mas a metamorfose não livrou a infeliz sacerdotisa das perseguições da rancorosa Hera. Veja-se a nota seguinte.

3. *Apolo,* e dois versos adiante *Hera:* divindades importantes da mitologia grega; Apolo era o patrono e inspirador dos principais oráculos da Grécia e, respondendo a uma pergunta de Orestes, como se verá depois, aconselhou-o a vingar a morte de Agamêmnon. *Matador de lobos* traduz o epíteto apolíneo *Lykeios* (quando os epítetos ocorrem desacompanhados do nome dos deuses, conservo a forma original, que será explicada em nota).

4. *Pelópidas:* descendentes de Pêlops, rei lendário de Argos, avô de Agamêmnon, e fundador da dinastia dos Atridas.

5. *Píladès:* filho de Estrófio (rei da Fócida — região do norte da Grécia — e amigo de Agamêmnon; a seu palácio o preceptor conduziu Orestes, por incumbência de Electra, no dia do crime); Pílades representa na mitologia grega o protótipo do amigo fiel.

6. *Santuário pítico:* um dos oráculos onde vaticinavam as sacerdotisas de Apolo (pitonisas), situado em Delfos, na Fócida.

7. *Febo:* epíteto de Apolo (literalmente: luminoso).

8. *Fanoteu:* tio e inimigo de Estrófio, o rei da Fócida; Orestes, atribuindo a Fanoteu — amigo de Egisto — a iniciativa de mandar notícias de sua suposta morte e suas cinzas, procura tornar esses incidentes mais plausíveis.

9. *Jogos píticos:* competições atléticas disputadas junto ao templo e oráculo de Apolo em Delfos, na Fócida; mais adiante, na descrição da imaginária corrida de carros, a referência é a esses jogos.

10. *Loxias:* outro epíteto de Apolo (literalmente: oblíquo), alusivo à obscuridade de seus vaticínios.

11. Esta é a primeira parte lírica, em que Electra contracena com as mulheres do coro. Nas representações modernas de dramas gregos, estas partes costumam ser declamadas (as do coro em uníssono).

12. *Ares:* deus da guerra; por extensão, personifica todos os feitos sanguinolentos.

13. *Perséfone e Hades:* divindades infernais. Nos versos seguintes: *Hermes do Inferno:* Hermes, filho de Zeus e de Maia, entre outras atribuições tinha a de conduzir as almas dos mortos ao Hades (além de significar o próprio deus, Hades também designava seus domínios, destino dos mortos). *Augustas Fúrias:* as Fúrias personificavam o remorso.

14. *Aflito pássaro, tão caro a Zeus:* o rouxinol. Segundo a lenda, o rouxinol chorava sempre os filhos que sem querer matara quando tinha a forma humana, que perdeu em conseqüência desse incidente fabuloso. Mensageiro de Zeus porque anuncia a primavera.

15. *Níobe:* filha lendária de Tântalo; orgulhosa porque tinha 14 filhos, considerava-se superior a Leto (uma das esposas de Zeus, que só tivera dois filhos: Apolo e Ártemis); essa insolência provocou a ira de Leto, que mandou Apolo matar os sete filhos de Níobe, e Ártemis as sete filhas, uma das quais — Clóris — conseguiu salvar-se; transtornada pela desgraça, Níobe transformou-se em rochedo; desse rochedo brotara uma fonte, testemunho de seu pranto perene.

16. Das duas irmãs vivas de Electra, Crisôtemis aparecerá em alguns episódios subseqüentes; de Ifiânassa não se falará mais.

17. *Campinas bucólicas de Crisa:* Crisa era um lugarejo da Fócida, onde ficara Orestes.

18. *Deus... do Aqueronte:* Hades; o Aqueronte era um rio lendário que atravessava as regiões infernais.

19. Agamêmnon fora morto durante uma festa, que Clitemnestra preparara para comemorar o regresso do esposo.

20. No original este verso é composto por quatro palavras, todas começando pela letra "p".

21. *Alguns de teus cabelos:* era hábito na Grécia heróica dedicar os cabelos aos parentes mortos.

22. *Bodas ímpias:* alusão ao adultério de Clitemnestra e Egisto.

23. Pêlops, avô de Agamêmnon e fundador da dinastia dos Atridas (v. a nota 4). Enomau, rei de Pisa, na Élis (Grécia Ocidental), prometera a mão de sua filha Hipodâmia ao pretendente que o derrotasse numa corrida de carros; o jovem Pêlops, filho de Tântalo, apresentou-se para competir, e subornou o condutor do carro de Enomau, Mírtilo, que traiu o seu senhor, afrouxando os pinos que prendiam as rodas ao eixo do carro; essa traição permitiu a Pêlops conquistar a vitória e Hipodâmia. Mas Mírtilo não sobreviveu por muito tempo à sua deslealdade; um dia insultou Hipodâmia e foi lançado ao mar por Pêlops enraivecido; ao desaparecer nas águas Mírtilo amaldiçoou a casa de Pêlops, e a esse fato, ao qual ainda haverá alusões no decurso da tragédia, atribuíam-se as desgraças dos Atridas (filhos e demais descendentes de Atreu, que por sua vez era filho de Pêlops e pai de Agamêmnon e de Tiestes; Egisto, o sedutor e cúmplice de Clitemnestra, era filho de Tiestes, e portanto primo de Agamêmnon).

24. *A filha inocente:* Ifigênia, irmã de Electra, sacrificada por Agamêmnon antes de sua partida para Tróia, a fim de tornar os ventos propícios à expedição; Electra explicará depois o sacrifício.

25. *Menelau:* irmão de Agamêmnon e participante da expedição a Tróia; foi de certo modo o causador da famosa guerra, pois a expedição teve como pretexto a vingança do ultraje de Páris, que, após hospedar-se no palácio de Menelau, lhe raptara a esposa — Helena —, fugindo com ela para Tróia, onde reinava Príamo, pai do raptor.

26. *Ártemis:* irmã de Apolo, deusa solitária e casta, que vivia nos bosques, dedicada à caça.

27. *Áulis:* porto da costa ocidental da Grécia, onde se reunira e ficara retida pela calmaria, antes do sacrifício de Ifigênia, a armada grega que ia conduzir a Tróia a expedição comandada por Agamêmnon.

A propósito desse longo "discurso" de Electra, note-se que ele é característico do espírito racionalista dos gregos da época de Sófocles, já influenciada pelos sofistas; primeiro, Electra dá a Clitemnestra uma explicação apoiada nas tradições religiosas, mas logo depois, como se ela mesma não estivesse convencida, passa a raciocinar dentro de rigorosa lógica; essas justificações eram muito agradáveis aos atenienses, hábeis querelantes.

28. *Ela:* Electra.

29. *Jogos píticos:* veja-se a nota 9; o preceptor segue as instruções de Orestes na primeira cena. A longa descrição da imaginária corrida de carros em que ocorre a suposta morte de Orestes, tem sido interpretada diversamente pelos comentadores de Sófocles; muitos consideram-na supérflua, mas, em última análise, é perfeitamente cabível, e Sófo-

cles traça aqui a psicologia da mentira; os mentirosos são amigos dos mínimos detalhes, que dariam maior credibilidade às suas invenções; para Clitemnestra, essa riqueza de minúcias tornou mais plausível a mentira.

30. *Aqueu:* da Acaia, região da Grécia situada no litoral do golfo de Corinto. *Espartano:* de Esparta, região da Grécia em que reinava Menelau. *Da Líbia:* Líbia era a denominação genérica do norte da África na antigüidade. No verso 729: ... *um dos concorrentes líbios:* literalmente: do auriga barqueu (de Barca, na Líbia).

31. *Corcéis téssalos:* eram famosos na antigüidade os cavalos da Tessália, região do norte da Grécia onde se elevava o monte Olimpo.

32. Da Etólia, região do nordeste da Grécia. *Magnes:* habitante do litoral ocidental da Tessália (Magnésia). Os *enianos* habitavam o sul da Tessália.

33. *Tebano:* literalmente *beócio*, habitante da Beócia, na Grécia central; lá ficava Tebas, a famosa cidade onde reinou Édipo.

34. *Incineraram ... numa pira:* na Grécia heróica os cadáveres eram geralmente incinerados; a inumação simples era excepcional.

35. É evidente a ironia amarga das palavras de Electra, que antes já dissera a Crisôtemis: "É grande maravilha minha vida agora..." (verso 388).

36. *Nêmesis:* uma das divindades infernais, vingadora do ultraje, da arrogância e da impiedade; quase no fim da peça, quando lhe dizem que poderá ver o cadáver de Orestes, Egisto, depois de estimar a sua sorte como capaz de causar inveja aos próprios deuses, dirá, pensando em Nêmesis: "Se houver blasfêmia em minhas expressões, renego-as!" (verso 1469).

37. *Anfiarau:* rei lendário, dotado de espírito profético; desposou Erifile, irmã de Adrasto, antigo rei de Argos. Por ocasião da guerra contra Tebas Anfiarau ocultou-se, para fugir à expedição, pois sabia que haveria de morrer diante das portas daquela cidade; sua esposa o denunciou, e ganhou por isso um colar de ouro e diamantes; descoberto, Anfiarau teve de ir à guerra, em que morreu, mas deixou um filho — Alcmêon (v., na introdução, o fragmento do poeta cômico Antifanes, alusivo a alguns desses incidentes míticos), incumbido de vingá-lo tão pronto soubesse de sua morte; logo que recebeu a notícia, Alcmêon desincumbiu-se de sua missão.

38. Sófocles usa magnificamente a certeza do espectador de que Orestes está vivo e de volta; a impressão de Electra de que ele está morto; e as dúvidas de Crisôtemis, para compor uma situação de grande efeito dramático.

39. Aqui, novamente, Electra se comporta como um orador ateniense do tempo de Sófocles, defendendo sua causa com todos os argumentos cabíveis: já vimos antes que esses debates eram muito do gosto dos atenienses da época, influenciados pelos sofistas; mas Crisôtemis, em suas respostas, mostra-se argumentadora tão hábil quanto Electra.

40. Essas reflexões do coro são sugeridas pelo contraste da atitude das duas irmãs: por que Crisôtemis não segue os mandamentos da piedade filial, que os próprios pássaros praticam? Por que não segue o exemplo de Electra? Os antigos acreditavam que alguns pássaros, na velhice, eram alimentados pelos filhos.

41. *Têmis:* na mitologia grega Têmis era a personificação da justiça, das leis humanas em sentido abstrato, dos usos e costumes estabelecidos entre os homens.

42. *Rumor recôndito: Phama* (correspondente a fama — o que se diz entre o povo), outra personificação da mitologia grega.

43. *Atrida:* Agamêmnon, filho de Atreu.

43a. *As duas Fúrias:* Clitemnestra e Egisto.

44. A ausência prolongada de Orestes explica o fato, de outro modo difícil de admitir-se, de Electra não o reconhecer. É ainda mais natural que Orestes não a reconheça, pelas mesmas razões, e também por seu aspecto, desfigurada em conseqüência dos sofrimentos, dos maus-tratos, e da humildade no vestir.

45. *Foceus:* habitantes da Fócida.

46. *Estrófio:* rei da Fócida, a quem o Preceptor levara Orestes, por incumbência de Electra, no dia da morte de Agamêmnon (veja-se a nota 5).

47. *Estando aí os restos...:* procuramos conservar a ambigüidade do original, que é notável em toda esta cena; é a ironia trágica dos dramaturgos gregos. Os espectadores sabem que nada há na urna, mas Electra supõe que ela contém as cinzas de Orestes; o verso pode ser entendido como uma forma inconsciente de condicional, e também pode soar como se Electra dissesse: já *que os restos estão aí...* Mais adiante há o mesmo uso da ambigüidade quando Electra diz: *Que recebo nas mãos neste momento? Nada.* Isso pode significar, para o espectador, que a urna está vazia, mas para Electra quer dizer que Orestes está reduzido a nada.

48. Neste trecho Electra dirige-se à urna que tem nas mãos e que, no seu entender, contém as cinzas de Orestes. O *nada* do verso 1130 tem duplo sentido, como se fosse uma premonição de Electra de que a urna vinha vazia.

48a. A mudança de metro nestes doze versos, que está no original, acentua o desespero de Electra.

49. Orestes reconhecera Electra pouco tempo antes, por sua maneira de falar dirigindo-se à urna.

50. Orestes, que até aqui tratara Electra cerimoniosamente, pois ainda não a reconhecera, passa a tratá-la intimamente.

51. As palavras de Orestes explicam por que não se deu a conhecer logo que reconheceu Electra.

52. *Mas isto não é nada:* Orestes diz a palavra "isto" apontando para a urna.

53. *Que me dizes, menino?:* a passagem do cerimonioso "forasteiro" para o carinhoso "menino" (tal como está no original) assinala o primeiro lampejo de esperança para Electra; a expressão "menino" é natural, pois Electra, embora seja apenas alguns anos mais velha que Orestes, foi quem dedicou maiores cuidados ao irmão, segundo suas próprias palavras ao dirigir-se à urna em que supunha estarem as cinzas de Orestes.

54. *Observa bem este sinete:* sinete (*sphragis*) era um anel em que estava gravado o selo real, insígnia do poder. Alguns comentadores acham que o reconhecimento foi muito rápido, e o sinete era prova problemática, mas pode-se dizer, a favor de Sófocles, que num instante, diante do objeto familiar, Electra teve revelação da identidade do irmão, mesmo porque, ao usar a expressão "menino", dois versos antes, já demonstrara uma atitude mais inquiridora.

55. Até o verso 1279 a alegria de Electra leva-a a desprezar a forma falada e adotar a forma lírica, mas Orestes, ainda preocupado com o que lhe restava fazer para consumar a vingança, prossegue falando normalmente.

56. Compreendendo que a situação ainda era grave, Electra refreia o júbilo, que a levara a expressar-se liricamente, e retoma a forma falada.

57. Note-se a transformação de Electra; até reconhecer o irmão mostrara-se heróica, inflexível, porque "tinha de fazer tudo sozinha"; mas agora, que Orestes voltou, torna-se submissa e deixa as resoluções ao irmão.

58. O sentimento revelado por Electra nestas palavras é profundamente feminino, e caracteriza a mudança de sua atitude, humanizando-se.

59. *O núncio:* Orestes; *As soturnas* são as divindades infernais vingadoras das mortes injustas.

60. *Hermes, filho de Maia:* veja-se a nota 13. Maia fora uma das muitas conquistas de Zeus, e desses amores nascera Hermes, o deus da dissimulação e da astúcia, e também o condutor dos mortos ao Hades.

61. Outra ambigüidade, mais sensível no original, onde o texto grego equivale aproximadamente a "atingiram a fidalga dona"; pela dupla acepção da palavra grega equivalente a "atingiram", os espectadores entendem "feriram", mas Egisto entende "chegaram até" a dona.

62. *Argivos:* habitantes de Argos.

63. Mais uma ambigüidade: para Egisto, as palavras de Electra significavam que ela resolveu submeter-se a ele, mas Electra quer dizer, veladamente, que Orestes chegou, e ela está seguindo-o em seus planos e ações; é neste último sentido que entendem os espectadores.

64. *Os mortos:* Egisto julgava Orestes morto.

EURÍPIDES

HÉCUBA

INTRODUÇÃO

O AUTOR E A OBRA

Eurípides nasceu em Salamina (ilha situada nas proximidades de Atenas), provavelmente em 485 a.C. Educou-se em Atenas, onde viveu a maior parte de sua vida. Entre a época de sua estréia nos concursos trágicos atenienses (445 a.C.) e a data provável de sua morte (406 a.C.), Eurípides escreveu no mínimo 74 peças, sendo 67 tragédias e 7 dramas satíricos. Algumas fontes, entretanto, atribuem-lhe 92 peças.

Dessa produção chegaram até nossos dias as 19 peças seguintes, das quais o *Cíclope* é o único drama satírico: *Alceste* (apresentada pela primeira vez em Atenas em 438 a.C.), *Medéia* (431), *Hipólito* (428), *As Troianas* (415), *Helena* (412), *Orestes* (408), *Ifigênia em Áulis* (405), *As Bacantes* (405) e em datas incertas: *Andrômaca, Os Heráclidas, Hécuba, As Suplicantes, Electra, Heraclés Furioso, Ifigênia em Táuris, Íon, As Fenícias, O Cíclope* e *Resos* (esta última de autenticidade contestada).

A *Hécuba* se baseia em episódios do chamado Ciclo Troiano. Após a queda de Tróia, conquistada e destruída pelos gregos depois de dez anos de luta, as troianas foram entregues aos vencedores como escravas na partilha das presas de guerra. Os gregos ansiavam por partir de volta à pátria, mas suas naus estavam retidas no Quersoneso Trácio por ventos desfavoráveis. Nesse ínterim o fantasma de Aquiles apareceu aos gregos para pedir-lhes que fosse sacrificada sobre seu túmulo a virgem Polixena, uma das filhas de Príamo e de Hécuba (rei e rainha de Tróia). Odisseu dirigiu-se à tenda onde estava Hécuba, com a missão de levar Polixena para o sacrifício. Ele não se comoveu com o desespero de Hécuba, nem com a circunstância, relembrada por ela, de Odisseu dever-lhe a própria vida. Mas Polixena, demonstrando uma altivez heróica, preferiu a morte à escravidão e seguiu espontaneamente Odisseu para cumprir o seu destino.

Hécuba preparava os funerais da filha sacrificada quando uma nova desgraça caiu sobre ela. Polidoro, seu filho mais novo, fora confiado por Príamo a certa altura da guerra de Tróia a Poliméstor, rei do Quersoneso Trácio, levando consigo parte dos tesouros do rei dos troianos. Por ocasião da queda de Tróia Poliméstor mandou matar o menino, com o intuito de apoderar-se dos tesouros, e ordenou que lançassem o cadáver ao mar. Nessa ocasião, enquanto Hécuba cuidava dos funerais, o cadáver de Polidoro veio ter à praia e foi entregue à rainha desesperada. Ela apelou a Agamêmnon para que vingasse a morte do filho, mas ele, embora penalizado com o sofrimento de Hécuba, relutou em atender. Diante disso Hécuba vingou-se com suas próprias mãos, mas com a complacência de Agamêmnon, atraindo Poliméstor e os filhos dele à sua tenda, onde ela e suas companheiras de cativeiro mataram os filhos e arrancaram os olhos do pai; em face do fato consumado Agamêmnon ordenou que Poliméstor fosse abandonado numa ilha deserta, enquanto as naus gregas partiam impelidas por ventos finalmente favoráveis, levando Hécuba e as outras cativas troianas.

Há uma contradição quanto ao local e as circunstâncias da morte de Polixena. Nas *Troianas* ela é sacrificada diante de Tróia em ruínas sobre o túmulo de Aquiles; na *Hécuba* o sacrifício teria ocorrido no Quersoneso Trácio, por ocasião da passagem da infeliz rainha e das demais cativas troianas por aquelas paragens remotas da Trácia.

Eurípides, chamado por Aristóteles (*Poética,* 1453 a) de "o mais trágico dos trágicos", deve essa merecida fama, em parte, à *Hécuba,* que por sua presença nesta peça e nas *Troianas* foi chamada por Gilbert Norwood de *mater dolorosa* pagã (*Greek Tragedy,* 4a. edição, Londres, 1948).

Remetemos os leitores às introduções às nossas traduções da *Medéia,* do *Hipólito* e das *Troianas,* publicadas por Jorge Zahar Editor em 1991, onde nos estendemos um pouco mais sobre as peculiaridades da dramaturgia de Eurípides e sobre sua fama.

Esta tradução foi feita basicamente sobre o texto grego estabelecido por Gilbert Murray e publicado pela Clarendon Press (primeira edição em 1902, reimpressão de 1940) na coleção *Scriptorum Classicorum Bibliotheca Oxoniensis.* Consultamos também o texto estabelecido por Henri Weil em *Sept Tragédies d'Euripide,* com introdução e comentário (Paris, Hachette, 1879).

Época da ação: idade heróica da Grécia.
Local: o Quersoneso Trácio.
Primeira representação: data incerta, provavelmente 423 a.C., em Atenas.

PERSONAGENS

FANTASMA DE POLIDORO, filho de Hécuba e de Príamo
HÉCUBA, viúva de Príamo, rei de Tróia
CORO de mulheres troianas reduzidas à escravidão após a queda de Tróia
POLIXENA, filha de Hécuba e de Príamo
AGAMÊMNON, comandante supremo dos gregos na guerra de Tróia
ODISSEU, um dos chefes gregos na guerra de Tróia
TALTÍBIO, arauto das tropas gregas
ESCRAVA
POLIMÉSTOR, rei do Quersoneso Trácio

Os gregos são chamados também de helenos, aqueus e argivos; os troianos são também mencionados como frígios; Tróia também é chamada de Ílion.

Cenário

Uma praia do Quersoneso Trácio[1] *ao surgir o sol. No fundo, as tendas reservadas às troianas capturadas pelos gregos após sua vitória na guerra. Ao lado, a tenda de* AGAMÊMNON. *Ao alto surge o fantasma de* POLIDORO.

FANTASMA DE POLIDORO

Para poder voltar a esta região
deixei por pouco tempo a morada dos mortos
pelos portais das sombras, onde mora Hades[2],
muito distante de todos os outros deuses.
Sou Polidoro, filho da rainha Hécuba,
a filha de Cisseu, e do idoso Príamo.
Quando se aproximava a rendição de Tróia
ao ímpeto das lanças gregas o rei Príamo,
levado pela preocupação, mandou-me
dissimuladamente para muito longe
do solo pátrio; ele determinou
que me levassem da cidade ameaçada
para o país onde reinava Poliméstor,
seu costumeiro anfitrião na extensa Trácia,
senhor das terras férteis de toda a planície
onde com sua lança impõe-se como rei
a todo um povo de valentes cavaleiros.
Comigo meu pai remeteu secretamente
tesouros bem guardados e muito abundantes
— ele queria que, se as muralhas de Tróia
caíssem algum dia, seus filhos poupados
não fossem vítimas dos males da indigência.
Eu era o mais novo dos filhos do rei Príamo
e como não podiam os meus braços jovens
portar um grande escudo e manejar a lança,
meu pai me afastou da cidade ocultamente.
Até o dia em que nossas longas fronteiras
e as antigas muralhas da terra troiana
permaneceram íntegras, enquanto Heitor
vencia os atacantes nos duros combates,
fui bem tratado pelo anfitrião da Trácia
que se dizia tão amigo de meu pai;
como se fosse um tenro, delicado arbusto,

graças a seus cuidados eu ia crescendo
— ai, infeliz de mim! Mas quando Heitor morreu
Tróia chegou ao fim; o fogo da lareira
deixou de reluzir no palácio ancestral
e meu querido pai caiu junto ao altar
erguido antigamente pelos deuses, morto
pelas mãos assassinas do filho de Aquiles[3].
Mas Poliméstor, falso amigo do rei Príamo,
matou-me, a mim — desventurado! —, só por causa
do meu tesouro e lançou meus restos mortais
nas ondas do mar trácio, para apoderar-se
do ouro oculto em seu palácio. Estou aqui,
sem vida, ora sobre a areia, ora visível
nas vagas afastadas, incessantemente
levado pela oscilação das altas ondas
sem que ninguém me chore e ainda insepulto.
Agora pairo por cima da idosa Hécuba,
minha querida mãe, após abandonar
meu maltratado corpo, e há dois longos dias
adejo em pleno ar depois de minha mãe
desventurada vir lá das ruínas de Tróia
para este chão do Quersoneso onde eu estava.
Os gregos vencedores inda estão aqui
na costa trácia em suas naus imóveis.
De fato, quando a frota grega navegava,
ferindo as ondas com seus remos a caminho
dos lares de seus tripulantes pressurosos,
Aquiles, filho de Peleu, apareceu
por cima de seu reverenciado túmulo
impondo a retenção de todas as trirremes;
ele quer Polixena, minha irmã querida,
em sacrifício como vítima agradável
e um quinhão de honra à sua sepultura.
O herói terá o que deseja; seus amigos
não deixarão insatisfeito esse pedido.
Cumprir-se-á mais um decreto do destino,
pois minha irmã ainda hoje morrerá.
E minha mãe terá diante de seus olhos
num mesmo dia dois cadáveres: o meu
e o de sua filha infeliz. Mostrar-me-ei
para ser enterrado aos pés de minha mãe,
rainha até há pouco tempo e hoje escrava,

em uma praia castigada por ressacas.
Enfim as divindades infernais ouviram
as minhas preces para descansar num túmulo
onde me deporão as mãos de minha mãe.
Assim, tudo que meus desejos reclamavam
será realizado. Agora me retiro,
pois já escuto os passos da idosa Hécuba.
Ei-la chegando à tenda do rei Agamêmnon,
apavorada com a visão de meu fantasma.
Ah! Minha mãe! Tu que, tirada rudemente
de um palácio real, agora experimentas
a condição servil, quanta desgraça a tua!
Ela é tão grande quanto foi tua ventura!
Algum dos deuses condenou-te à perdição,
punindo-te pela felicidade antiga!

O FANTASMA DE POLIDORO desaparece enquanto HÉCUBA sai da tenda de AGAMÊMNON a passos lentos, apoiando-se em um bastão e cercada de servas que a ajudam a caminhar.

HÉCUBA

Levai esta anciã para a frente da tenda!
Levai-a, filhas minhas, assim, aprumando-a,
caras troianas! Ela foi vossa rainha,
mas hoje se assemelha a vós — é uma escrava.
Pegai-me, conduzi-me, erguei-me segurando-me
por meus braços envelhecidos! Ajudai-me!
E eu, tendo na mão um bastão retorcido,
apressarei a marcha de meus lentos pés,
avançando convosco. Ah! Luz do grande Zeus[4]!
Ah! Noite imersa em trevas! Por que me enlouquecem
estas visões noturnas aterrorizantes,
estes fantasmas? Ai! Terra bendita, mãe
dos sonhos de asas negras[5]! Afasta de mim
um pesadelo sobre meu amado filho
que vive aqui na Trácia e sobre Polixena,
minha querida filha — mensagem pasmosa!
Ah! Divindades infernais! Salvai meu filho,
a única esperança ainda não extinta
de continuidade para nossa raça;
zela por ele Poliméstor, rei da Trácia

cheia de neve, anfitrião do rei seu pai.
Algo de insólito está por acontecer.
De nossos lábios sairão lamentações;
em tempo algum foram tão fortes as batidas
de meu coração inquieto e palpitante.
Onde poderei encontrar meu filho Heleno
de alma inspirada[6]? Onde estará Cassandra agora?
Somente os dois explicariam os meus sonhos.
Há pouco pareceu-me estar vendo uma corça
de pele mosqueada sob as patas rubras
de um lobo que a sangrava depois de tirá-la
de meus joelhos sem a mínima piedade.
Eis outro fato que também me aterroriza:
apareceu por cima da tumba de Aquiles
o fantasma do herói, que veio reclamar
como quinhão de honra uma das troianas,
tão sofredoras depois da queda de Ílion.
Suplico-vos, deusas e deuses! Afastai
de minha filha — ai de mim! — esta ameaça!

Entram em cena algumas cativas troianas, componentes do CORO.

CORO

Viemos apressadamente, Hécuba,
para perto de ti; saímos juntas
das tendas dos senhores, onde a sorte
determinou que sejamos escravas,
expulsas de nossa cidade em ruínas,
tristes presas de guerra conquistadas
com a ponta das lanças pelos gregos.
Em vez de aliviar as tuas penas
assumimos o encargo de te dar
uma notícia realmente horrível;
aqui estamos em tua presença
trazendo-te a mensagem dolorosa:
dizem que os gregos todos decidiram
sacrificar agora a tua filha
para agradar a Aquiles no outro mundo.
Deves lembrar-te de que ele, erecto
sobre seu mausoléu, apareceu
com suas armas áureas e reteve

as muitas naus velozes de alto-mar,
na hora de levantarem as velas
nos mastros; o herói esbravejava:
"Para que terras estais indo, gregos,
deixando aqui a minha sepultura
sem as devidas homenagens fúnebres?"
As ondas de uma férvida querela
entrechocavam-se e as opiniões
dos combatentes gregos dividiam-se:
um lado achava justa a imolação
de alguma vítima na sepultura,
mas outro opunha-se a tal sacrifício.
Teus interesses eram defendidos
por Agamêmnon, que dignificava
o leito da bacante profetisa[7].
Mas os dois bravos filhos de Teseu[8],
ambos atenienses, protestaram
querendo que se reverenciasse
o túmulo de Aquiles sem demora
com sangue jovem; não permitiriam[9]
em tempo algum que o leito de Cassandra
sobrepujasse a lança de um herói.
As duas teses foram defendidas
com veemência quase equivalente,
mas Odisseu, o orador sagaz[10]
de fala sedutora, adulador
de multidões, persuadiu o exército
a não amesquinhar o sacrifício
ao mais valente de todos os gregos
com vítimas servis, sem predicados,
para que na presença de Perséfone[11]
ninguém pudesse com razão dizer:
"Os gregos retiraram-se de Tróia
sem comprovar seu reconhecimento
aos companheiros mortos em combate
por defenderem a terra natal."
Dentro de instantes chegará aqui
o filho de Laertes[12]; ele irá
arrancar de teus braços Polixena
e a levará para longe de ti.
Vai sem demora, então, aos santuários,
vai aos altares! Como suplicante,

envolve com teus braços os joelhos
do rei vitorioso — de Agamêmnon —;
invoca aos gritos os deuses do céu
e as divindades infernais também.
Ou tuas preces te preservarão
da perda de tua filha infeliz,
ou terás de ver sucumbir a moça
em cima do sepulcro, na torrente
de sangue purpurino derramando-se
no colo ornado de jóias de ouro
sombriamente em jorros sucessivos.

HÉCUBA

Ai! Ai de mim! Que poderei dizer!
Que grito, que gemido, eu, triste vítima
de uma velhice imensamente triste[12a],
de um cativeiro atroz, insuportável?
Quem verei lá para me defender?
Que consangüíneos? Que concidadãos?
Partiu rei Príamo, foram-se os filhos...
Que rumo tomarei? Aquele? Este?
Para onde dirigirei meus passos?
Onde poderei encontrar um deus,
um gênio compassivo? Ah! Mensageiras
de tanta desventura! Ah! Troianas,
precursoras de males deploráveis,
levais-me ao desespero! Estou perdida!
Já não há para mim à luz do sol
uma existência ao menos suportável!

Recuando para o fundo da cena.

Levai-me, desgraçados pés, levai
esta pobre anciã àquela tenda!
Minha criança! Ah! Querida filha
da criatura mais desventurada!
Sai! Sai da tenda para ouvir a voz
de tua mãe, minha criança! Vem!
Vem ouvir os rumores! Sai e ouve
a última notícia a teu respeito!

POLIXENA sai da tenda.

POLIXENA

Ah! Minha mãe! Por que gritas assim?
Que novidades vais anunciar-me
fazendo-me sair assim da tenda,
tremendo de receios como um pássaro?

HÉCUBA

Ai! Ai de mim, querida filha minha!

POLIXENA

Por que me acolhes com estas palavras
cheias de maus presságios? Para mim
o teu preâmbulo é assustador!

HÉCUBA

Choro por tua vida, Polixena!

POLIXENA

Explica! Não prolongues o mistério.
Estou com medo... Por que gemes, mãe?

HÉCUBA

Filha de uma desventurada mãe!...

POLIXENA

Ah! Mãe!... Que males me revelarás?

HÉCUBA

Os gregos concluíram um acordo
para sacrificar-te aqui e agora
ao filho de Peleu[12b] sobre seu túmulo...

POLIXENA

Ah! Infeliz de mim, querida mãe,
que te levo a falar de um mal enorme,
terrível! Dize! Explica tudo, mãe!

HÉCUBA

Repito trágicos rumores, filha;
comenta-se que os gregos reunidos
em assembléia acabam de aprovar
uma terrível decisão acerca
de tua vida muito valiosa.
Ai de mim, triste mãe desventurada!

POLIXENA

Ah! Tu, que foste posta à prova assim
de modo tão cruel, desnorteada
por tantas aflições, mãe cuja vida
é a tal ponto deplorável, fala:
que inominável, odioso ultraje
levanta contra ti um gênio mau?
Dentro de pouco tempo não terás
a tua filha para amenizar
a dura servidão de uma anciã
e as amarguras dessa idade triste.
Terás de ver-me, a mim, tua criança,
igual a uma novilha das montanhas,
tirada à força de teus braços débeis
impiedosamente e conduzida
para o sombrio Hades abismal[13],
onde repousarei longe de ti
na companhia das almas dos mortos.
É tua vida, mãe infortunada,
que me faz soluçar e lamentar-me
angustiosamente; quanto à minha,
esta existência cheia de vergonhas
e ultrajes, não a choro; para mim,
morrer será até uma ventura.

CORIFEU

Vejo Odisseu aproximando-se daqui;
ele está vindo aceleradamente, Hécuba,
para comunicar-te alguma decisão.

Entra ODISSEU, seguido de alguns soldados.

ODISSEU

Dirigindo-se a HÉCUBA.

Parece-me, mulher, que tens conhecimento
da votação de nosso exército em comício;
apesar disso eu mesmo vou comunicar-te:
os gregos há poucos minutos decretaram
que tua filha Polixena será morta
na lápide do túmulo do herói Aquiles.
Eles nos incumbiram de escoltar a moça
até a sepultura; quanto ao sacrifício,
o executor e sacerdote designado
é Neoptólemo, filho do próprio Aquiles.
Sabes qual deve ser o teu comportamento?
Não tentes, Hécuba, salvar a tua filha
e não lutes comigo; deves ter em mente
os teus males presentes e tua fraqueza.
Em plena adversidade é prova de bom senso
ter a clara noção do fato inevitável.

HÉCUBA

Parece aproximar-se a hora decisiva
entre muitos soluços e abundantes lágrimas.
Não estou morta — ai de mim! Ah! Se eu tivesse
morrido há muito tempo! Em vez de me matar,
Zeus me deu vida para ver outras desgraças
ultrapassarem minha imensa desventura
— ai, infeliz de mim! É lícito, porém,
aos escravos em desespero interrogarem
pessoas livres sem causar constrangimentos
nem lhes ferir o coração; tenho o direito
de ouvir tuas respostas às minhas perguntas.

ODISSEU

Pergunta, se quiseres, embora me atrases.

HÉCUBA

Recordas-te do dia em que vieste a Tróia
como espião? Desfiguravam-te os andrajos
e teus olhos sangravam no rosto manchado.

ODISSEU

Meu coração guarda até hoje esse episódio,
cuja impressão profunda nunca esquecerei.

HÉCUBA

Lembras-te de que Helena te reconheceu
e me fez a revelação, somente a mim?

ODISSEU

Recordo-me de haver corrido um grave risco.

HÉCUBA

E de que me tocaste nos joelhos, súplice?

ODISSEU

E de que minhas mãos quase não se moviam
sobre teu manto, como se estivessem mortas.

HÉCUBA

Naquele dia eras meu escravo. Ou não?

ODISSEU

Para evitar a morte fui muito inventivo...

HÉCUBA

Recordas-te de que salvei a tua vida
e te deixei sair incólume de Tróia?

ODISSEU

Sim, e graças a ti contemplo a luz do dia.

HÉCUBA

Não és, então, neste momento um desalmado,
tu que, tratado muito bem por mim em Ílion,
como confessas, fazes-nos em vez de bem
um mal enorme, o máximo de que és capaz?
É muito ingrata a tua espécie, cujas falas
visam apenas a lisonjear o povo!
Antes eu nunca vos tivesse conhecido,
a ti e a teus colegas, que cuidais somente
de trazer malefícios a vossos amigos
e seduzir a multidão com bons discursos[14]!
De fato, que pensam os gregos ter achado
de útil para eles quando proferiram
a sentença de morte contra minha filha?
É a necessidade que os constrange agora
a consumar aqui um sacrifício humano
sobre um sepulcro, se é mais conveniente
matar um boi? Se Aquiles está exigindo
a morte de quem o matou, é justo, então
que nos venha pedir o sangue desta virgem?
Mas ela mesma não lhe fez o menor mal!
Seria bom mandar buscar a bela Helena
para perder a vida hoje sobre a lápide,
pois ela foi de fato a perdição do herói
por ter causado a guerra que o levou a Tróia.
E se deve morrer agora uma cativa
eleita por sua beleza singular,
esse critério não se aplica a nós, tampouco.
Brilha como a mais bela a filha do rei Tíndaro[15],
e sua culpa é tão pesada quanto a nossa.
Eis a minha defesa; inspira-me a justiça.
E quanto à retribuição que me é devida,

e exijo, ouve-me; tocaste em minha mão
— tu mesmo confirmaste — e neste velho rosto,
ajoelhando-te ansioso à minha frente.

Prosternando-se diante de ODISSEU.

Hoje quem toca em tua mão e em teu rosto
sou eu; reclamo o preço de minha bondade
naquela época. Suplico-te, Odisseu!
Não leves Polixena de meus braços débeis!
Não lhe tires a vida (já há muitos mortos!).
Ela é minha alegria e me faz esquecer
meus muitos males e é meu consolo único
depois da perda de todos os nossos bens
— minha cidade, minha ama, meu bastão,
meu guia! Em minha opinião os poderosos
não deveriam abusar em tempo algum
de suas regalias, nem imaginar
que, sendo agora venturosos, poderão
gozar perenemente de seus privilégios.
Eu também fui feliz outrora; hoje não sou.
Um dia breve despojou-me para sempre
de toda a minha invulgar prosperidade.
Poupa-me, amigo! Por teu queixo, sê bondoso!
Volta ao exército dos gregos e convence-os
de que é odioso assassinar mulheres;
em vez de exterminá-las de modo brutal
tirando-as violentamente dos altares,
eles devem favorecê-las sendo bons.
Dizem que em vossa terra a lei trata igualmente
todas as criaturas, livres ou escravas,
na hora de punir até crimes de morte.
Quero dizer ainda: tua autoridade
embora fosse para dar um mau conselho,
seria decisiva, pois a mesma fala
não tem a mesma força de persuasão
na boca de pessoas insignificantes
e na daquelas detentoras de poderes!

CORIFEU

Dirigindo-se a HÉCUBA.

Não creio na existência de uma criatura
tão insensível a ponto de ouvir teus ais
e teus longos queixumes sem derramar lágrimas.

ODISSEU

Deixa-me esclarecer-te, Hécuba infeliz,
e não permitas que neste momento a cólera
te leve a confundir o autor de um bom conselho
com um rude inimigo. Salvaste-me a vida
e de meu lado desejo salvar a tua.
Minhas palavras são sinceras, mas não posso
agora desmentir as já pronunciadas
diante de nossos soldados reunidos:
após a conquista de Tróia tua filha
seria oferecida ao melhor guerreiro
das forças gregas que viesse procurá-la
para sacrificá-la junto ao bravo Aquiles.
De fato, em sua maioria as cidades
adotam, como se fosse uma chaga, a prática
de dar aos homens valorosos e sinceros
e aos mais covardes uma recompensa idêntica.
Aquiles tem direito às nossas homenagens,
pois perdeu sua vida como herói da Hélade.
Seria um desdouro para todos nós
se depois de tratá-lo enquanto ainda vivia
como um amigo, agora que ele já morreu
deixássemos de distingui-lo como antes.
Que se dirá se no futuro inda tivermos
de reunir um novo e numeroso exército
para lutar contra inimigos estrangeiros?
Depois de ver nossos amigos sepultados
em terra estranha sem as honras merecidas,
teríamos razões para enfrentar a morte
em vez de pensar em poupar as nossas vidas?
Por mim, enquanto estiver vivo poucas coisas
me bastarão numa existência rotineira;
quero, porém, que após a morte minha tumba
receba todas as demonstrações de apreço,
pois elas são a recompensa mais durável.
Se alegas teu estado lastimável, Hécuba,
ouve minha resposta: há em nossa pátria

muitas mulheres velhas, muitos anciãos
não menos sofredores do que tu, esposas
ainda em plena flor da idade mas privadas
de seus maridos exemplares, cujos corpos
a terra do altaneiro Ida[16] hoje recobre.
Resigna-te; se cometemos algum erro
prestando nossas homenagens aos heróis,
digam de nós que somos tolos. Quanto a vós,
os bárbaros, deixai de tratar os amigos
de acordo com seus méritos e de admirar
os vossos mortos gloriosos, pois assim
a Hélade há de ser feliz, enquanto Tróia
está colhendo frutos dignos de tais práticas.

CORIFEU

Ah! Como são sempre infelizes os cativos!
Vencidos pela força, eles têm de aceitar
humilhações inumeráveis e terríveis!

HÉCUBA

Dirigindo-se a POLIXENA.

Minhas palavras diluíram-se no ar,
querida filha; disse-as inutilmente
na tentativa de impedir a tua morte.
Se tua eloqüência for maior que a minha,
fala e esforça-te diante de Odisseu.
Como se possuísses as cordas vocais
de um rouxinol, recorre a variados tons
para salvar a tua vida ameaçada.
Prosterna-te, infeliz, diante de Odisseu.
Abraça seus joelhos, tenta convencê-lo
— tens bons motivos, pois ele também é pai —;
teu infortúnio pode levá-lo a ceder.

POLIXENA

Dirigindo-se a ODISSEU.

Procuras ocultar no manto a mão direita

e tentas desviar o rosto com receio
de que eu toque em teu queixo com as minhas mãos[17].
Fica tranqüilo, pois conseguiste escapar
a Zeus dos suplicantes, que me ajudaria.
Sim, Odisseu; seguir-te-ei, tanto porque
não poderei fugir ao meu destino triste
como porque agora já desejo a morte.
Se eu não quiser acompanhar-te pensarão
que sou covarde e prefiro apegar-me à vida.
Pensemos: poderia haver ainda algo
de bom nesta existência? Meu finado pai
era senhor de toda a Frígia[18], onde nasci;
depois criaram-me entre doces esperanças;
fui prometida como noiva a vários príncipes
e havia uma rivalidade exacerbada
entre meus pretendentes, todos ansiosos
por me verem entrar em seus belos palácios.
Eu era a primeira — ai, quanta tristeza! —
entre as mulheres residentes lá no Ida
e para mim se dirigiam os olhares
como se eu fosse em quase tudo igual às deusas
— faltava-me somente a imortalidade.
Mas hoje sou escrava e este nome ignóbil
antes de qualquer outra desventura leva-me
a desejar a morte, pois não me habituo
sequer a ouvi-lo. Talvez eu fosse encontrar
algum senhor de coração intransigente
que me comprasse com dinheiro, eu, princesa,
irmã de Heitor e de tantos outros heróis;
e constrangida em sua casa a amassar
o pão de cada dia e a varrer o chão
e a me sentar diante de uma lançadeira,
teria de levar uma vida horrorosa.
Um escravo qualquer, comprado não sei onde,
viria conspurcar meu leito imaculado,
até há pouco tempo digno só de reis.
Jamais! Reponho a preciosa liberdade
diante de meus olhos entregando agora
meu corpo a Hades[19]. Leva-me, Odisseu, e logo!
conduze-me, extermina-me, pois já não vejo
perto de mim nenhuma espécie de atrativo
capaz de me animar a crer ou esperar

que em tempo algum possa o destino me trazer
a mínima felicidade nesta vida!

Dirigindo-se a HÉCUBA.

Não tentes refutar-me, minha mãe querida;
não faças gesto algum para deter-me aqui
e nada fales. Deves mesmo incentivar-me
em minha decisão de preferir a morte
em vez de sujeitar-me a humilhações sem conta.
Quem não está habituado à desventura
pode até suportar o jugo, porém sofre
ao estender a nuca, e perdendo a vida
é mais feliz do que quando ainda existia.
A desventura máxima é viver sem honra!

CORIFEU

É muito forte a marca de uma boa origem,
glória maior entre os mortais, e seu renome
cresce inda mais nas criaturas dignas dela.

HÉCUBA

Falaste nobremente, minha filha amada,
mas para ti essa nobreza só traz males.
Se está fazendo falta ao filho de Peleu
uma homenagem impecável, Odisseu,
não mates Polixena; mata-me em vez dela!
Leva-me logo até o túmulo de Aquiles,
golpeia-me sem pena e sem misericórdia!
Sou mãe de Páris[20], cujas flechas infalíveis
mataram o filho de Tétis lá em Tróia.

ODISSEU

O fantasma de Aquiles não pediu aos gregos
a tua morte; ele exigiu a dela, Hécuba.

HÉCUBA

Então os gregos deverão também matar-me

juntamente com minha filha! Sendo assim,
eles darão à terra e ao herói defunto
uma dose dobrada do sangue esperado.

ODISSEU

Será suficiente para nós a morte
de tua filha; não acrescentemos outra.
Preferiríamos que nem esta ocorresse.

HÉCUBA

É inevitável! Morrerei também com ela!

ODISSEU

Ninguém aqui é meu senhor para dar ordens!

HÉCUBA

Abraçando POLIXENA.

Prender-me-ei a ela como a hera à árvore!

ODISSEU

Não, Hécuba; ouve as pessoas mais sensatas!

HÉCUBA

Não deixarei que minha filha vá contigo!

ODISSEU

Nem eu irei juntar-me aos gregos sem levá-la!

POLIXENA

Concorda, minha mãe! Tu, Odisseu, perdoa
este arrebatamento natural de mãe;
e tu, infortunada, não queiras lutar
contra forças irresistíveis. Que desejas?

Queres cair no chão para mortificar
teu velho corpo, depois de empurrões brutais,
e ser indecorosamente maltratada
por braços jovens? Eis a sorte que te espera.
Evita um espetáculo constrangedor.
Será melhor se me deres as mãos suaves.
Junta por uns momentos o teu rosto ao meu,
pois nunca, nunca mais eu voltarei a ver-te
e a contemplar o disco e os raios do sol
que me aparecem pela derradeira vez!
Recebe o meu último adeus! Ai! Minha mãe!
Ah! Tu, a quem devo a minha própria existência!
Daqui irei para as profundezas da terra

HÉCUBA

E nós ficamos vivas para ser escravas!

POLIXENA

... sem nunca ter tido um esposo, sem as núpcias
que a sorte deveria ter-me oferecido...

HÉCUBA

És digna de abundantes lágrimas, criança,
e só receberei da vida desventuras!...

POLIXENA

... e lá no outro mundo ficarei sem ti!

HÉCUBA

Ah! Que farei? Onde terminarei meus dias?

POLIXENA

Morrerei como escrava, eu, filha de pai livre...

HÉCUBA

E eu terei perdido meus cinqüenta filhos!

POLIXENA

Que direi a Heitor ou a teu velho esposo?

HÉCUBA

Que sou entre as mulheres a mais infeliz!

POLIXENA

Ah! Seios que me alimentastes docemente ...

HÉCUBA

Levar-te-á tão cedo este destino atroz!

POLIXENA

Sê feliz, minha mãe, ao lado de Cassandra...[20a]

HÉCUBA

Outros serão felizes; eu, nunca! Jamais!

POLIXENA

...e sê feliz aqui na Trácia, Polidoro!

HÉCUBA

Se ele ainda estiver vivo, mas pensando
em minhas desventuras, duvido que esteja...

POLIXENA

Em minha opinião ele ainda está vivo
e fechará teus olhos quando faleceres.

HÉCUBA

Antes da hora de morrer já me mataram
todos os meus insuportáveis infortúnios.

POLIXENA

Agora leva-me, Odisseu, cobrindo logo
minha cabeça; antes de ser sacrificada
sinto meu coração parar dentro do peito
ouvindo os tristes ais de minha pobre mãe,
da mesma forma que já se partiu o dela
de tanto ouvir os meus lamentos. Luz do dia!
Ainda me é possível invocar teu nome,
mas para usufruir a tua claridade
restam-me agora apenas os poucos instantes
que separam meus passos do afiado gládio,
do sacrificador e da tumba de Aquiles.

HÉCUBA

Ai! Ai de mim! Sucumbo e meus membros cansados
não me sustentam! Ah! Minha querida filha!
Estende as mãos, afaga tua mãe com elas!
Não me deixes aqui sem mais uma das filhas!

Sai POLIXENA levada por ODISSEU. HÉCUBA continua a lamentar-se, agora caída no chão, dirigindo-se ao CORO.

Ai! Estou morta, amigas minhas! Se eu pudesse
ver neste estado deplorável a lacónial[21],
irmã dos dois Diôscuros, Helena bela!...
Seus olhos fascinantes foram o motivo
da perdição de Tróia, antes felicíssima!...

HÉCUBA permanece no chão, agora coberta por seu manto.

CORO

Brisa marítima que sobre as ondas
fazes as naus velozes navegarem
indo por águas calmas ou revoltas,
para que terra nos estás levando
— ai, ai de nós! — em nossa desventura?
Das casas de que donos cuidaremos,
depois de nos comprarem como escravas?
Será nosso destino a terra dória[22]?

A Ftia, então, lá onde o belo Apídano,
o pai das águas, fertiliza os campos?
Ou, impelidas sempre pelos remos
que ferem a superfície do mar,
as naves ágeis nos transportarão
— ai, ai de nós! — na condição de servas
à ilha[23] onde pela vez primeira
as esbeltas palmeiras e os loureiros
alçaram seus sagrados ramos verdes
para a divina Leto[24] em homenagem
ao filho dela e de Zeus poderoso?
Juntar-nos-emos às moças de Delos
para homenagear a faixa áurea
e o arco de Ártemis, a deusa virgem?
Ou na cidade da divina Palas[25]
sobre o véu colorido de açafrão
da deusa do carro maravilhoso,
teremos de bordar em tons florais
na trama bem urdida alguns corcéis
emparelhados, ou a raça antiga
dos enormes Titãs que os raios fúlgidos
de Zeus, filho de Cronos, fulminaram,
impondo-lhes o derradeiro sono?
Ai! Ai de todas nós por nossos filhos!
Ai! Ai por nossos pais e nossa Tróia
reduzida a destroços pelo fogo
e conquistada pelas lanças gregas!
E nós seremos chamadas de escravas
em solo estranho! Saímos da Ásia
e estamos a caminho da Europa,
que para nós será igual ao Hades[25a]!

Entra TALTÍBIO.

TALTÍBIO

Dirigindo-se ao CORO.

Pergunto-vos, troianas: onde está agora
aquela que já foi vossa rainha, Hécuba?

CORIFEU

Ei-la perto de ti; estendida no chão,
de bruços, ela jaz envolta em suas vestes.

TALTÍBIO

Ah! Zeus! Que poderei dizer? Abres teus olhos
para ver os frágeis mortais e cuidar deles?
Ou te dão um nome fictício e o acaso
é o condutor da raça humana nesta vida?[26]
Não enxergas aqui a rainha da Frígia,
terra de muito ouro, a esposa do rei Príamo
antes tão poderoso e próspero? Há pouco
sua cidade inteira converteu-se em cinzas
depois de ser desfeita em ruínas pelos gregos;
a própria Hécuba, escrava, uma anciã,
depois de ver seus numerosos filhos mortos
está caída aqui no chão — infortunada! —
com os cabelos brancos sujos de poeira.
Ah! Estou muito velho, mas preferia
perder a vida antes de ver-me aniquilado
por um destino desonroso como o dela!

Dirigindo-se a HÉCUBA.

Levanta-te, mulher! Apruma logo o corpo!
Reage! Ergue esta cabeça atormentada!

HÉCUBA

Ai! Quem quis vir até aqui para impedir
meu corpo de ter o repouso desejado?
Quem és? Por que vens perturbar minha tristeza?

TALTÍBIO

Eu sou Taltíbio; sirvo às tropas gregas.
Agamêmnon mandou-me para te levar.

HÉCUBA

Levantando com dificuldade.

Querido amigo! É para me matar também
sobre o sepulcro que vieste procurar-me,
obedecendo a determinação dos gregos?
Sejam benditas todas as tuas palavras!
Precipitemo-nos! Marchemos sem demora!
Conduze meus passos instáveis, ancião!

TALTÍBIO

Tua filha está morta e venho procurar-te
para levá-la à sepultura. Fui mandado
pelo exército grego e pelos dois Atridas[27].

HÉCUBA

Ah! Divindades! Que mensagem vens trazendo!...
Não é então para levar-me ao sacrifício
que te mandaram, e sim para anunciar
mais desventuras? Foste morta, minha filha,
depois de te arrancarem dos braços maternos;
perdendo-te, criança, agora estou sem filhos!
Ah! Como sou desventurada! Ai de mim!
Dize-me: como os gregos a sacrificaram?
Terão mostrado alguma compaixão por ela,
ou comportaram-se de maneira cruel?
Mataram-na como uma simples inimiga?
Fala, por mais atroz que seja teu relato!

TALTÍBIO

Satisfazendo teu desejo, anciã,
irei ainda derramar sentidas lágrimas
de justa piedade; só por descrever
o infortúnio, os meus olhos, em instantes,
voltarão a molhar-se como há pouco tempo
em frente à tumba, na hora do sacrifício.
Estava lá, completo, o exército dos gregos,
em frente à sepultura para o sacrifício
de tua filha. Segurando Polixena
pelas mãos delicadas, o filho de Aquiles
a pôs de pé sobre o sepulcro, junto a mim.
Um grupo reduzido de soldados jovens,

selecionados pelos comandantes gregos,
foi incumbido de conter os movimentos
de tua filha, se tentasse resistir.
Tendo nas mãos uma taça de puro ouro
transbordante de vinho, o filho de Aquiles
ergueu-a para oferecer as libações
a seu finado pai, e me deu instruções
para retransmitir a ordem de silêncio
a todos os soldados ali reunidos.
E eu, de pé, gritei àquela multidão:
"Silêncio, gregos, pois é hora de calar-vos!
Silenciai!" Minhas palavras acalmaram-nos.
Falou, então, o filho do valente Aquiles:
"Meu caro pai, nascido de Peleu ilustre!
Recebe nossas libações, um sortilégio
feito para atrair os mortos! Vem beber
o sangue escuro e sem mistura desta virgem,
oferta minha e deste exército de gregos!
Sê-nos propício! Permite-nos soltar
os cabos que mantêm as nossas naus paradas!
Concede-nos uma viagem sem perigos
desde esta região até a nossa pátria!"
Ouvindo estas palavras todo o nosso exército
fez suas preces às divinas potestades.
Depois de alguns instantes, empunhando o gládio
ornado de ouro, ele o retirou da bainha
e num rápido gesto fez sinal aos jovens
selecionados entre todos os soldados
para tolherem os movimentos da virgem.
Ela compreendeu o gesto e proferiu
as seguintes palavras: "Combatentes gregos
vencedores de Tróia, morro satisfeita.
Não quero que nenhum de vós toque em meu corpo!
Estenderei o meu pescoço para os golpes
com o coração altivo. Por todos os deuses,
deixai-me solta! Desejo morrer, soldados,
livre de ignóbeis laços sob os vossos golpes.
Sendo princesa, eu coraria de vergonha
se algum de vós me chamasse de escrava agora!"
O exército aclamou-a e o rei Agamêmnon
deu ordens aos soldados para retirarem
as cordas que amarravam os braços da moça.

Depois de ouvir as determinações do rei
eles cumpriram-nas imediatamente.
Após as palavras reais ela tirou
seus véus diáfanos dos ombros delicados,
baixando-os até a virginal cintura,
perto do umbigo, descobrindo os seios lindos
e o torso tão formoso como o de uma estátua.
Pouco depois, pondo um dos joelhos na lápide
ela mostrou sua bravura incomparável
dizendo sem receios ao filho de Aquiles:
"Se teu desejo é atingir meu peito jovem,
ei-lo! Se queres seccionar minha garganta,
meu pescoço está pronto!" Embora comovido,
ele venceu a indecisão e mesmo atônito
com a visão da virgem, manejou o gládio
até cortar com ele a passagem do sopro.
Jorrou então em jatos o sangue da moça.
Ela, inda exalando o último suspiro,
teve o cuidado de cair pudicamente,
cobrindo o que deve ser ocultado aos homens.
Quando, atingida pelo golpe fulminante,
ela entregou a alma, cada um dos gregos
cumpriu o seu dever: uns, com ambas as mãos
lançavam folhas[28] sobre a virgem já sem vida;
outros preparavam a pira amontoando
galhos recém-cortados de verdes pinheiros,
e quem nada fazia era censurado
pelo vizinho: "Permaneces inativo,
sem ter nas mãos para homenagear a vítima
véus e adornos? Nada tens a oferecer
a este coração de uma bravura ímpar,
a esta alma distinguida pelos deuses?"
Contando-te tantos detalhes a propósito
do sacrifício de tua filha querida,
devo dizer-te que és a mais feliz das mães
e a mulher mais infortunada deste mundo.

CORIFEU

Precipitou-se aqui uma calamidade
sobre a raça de Príamo e sobre Tróia.
Cumpre-se assim a inexorável lei divina.

HÉCUBA

Ah! Minha filha! Para onde voltarei
meus olhos nesta hora, entre tantos males
esmagadores? Quando um deles aparece,
invade minha mente e não me deixa mais
até que de outro lado novos infortúnios
desabem sobre mim num incessante acúmulo
de penas sobre penas. Não posso apagar
do pensamento a tua desventura atroz,
de tal maneira que não consigo sequer
gemer por causa dela; mas devo dizer
que teu comportamento altivo reduziu
a intensidade de uma dor descomunal.

Lentamente e com voz sumida.

Não é estranho que uma terra pouco fértil
se os deuses a favorecerem com bom tempo
produza espigas belas, e que outra ótima,
se lhe faltarem os cuidados necessários
proporcione uma colheita desastrosa?
Entre as criaturas humanas, todavia,
em quaisquer circunstâncias as pessoas más
mostram-se invariavelmente más, e as boas
serão somente boas, sem que fatos outros
possam mudar a sua própria natureza
perenemente boa ... Atribuiremos
à hereditariedade o mérito exclusivo
ou, ao contrário, a uma boa educação?
O aprendizado é uma escola de virtude.
Quem adquiriu conhecimentos é capaz
de distinguir o mau do bom graças a eles,
guiando-se pelas diretrizes do bem...

Com a voz mais firme.

Mas basta de entregar-me a vãs divagações,
que levam meu espírito a perder o rumo.

Dirigindo-se agora a TALTÍBIO.

Vai ao local onde os gregos estão e dize-lhes
que ninguém deverá tocar em minha filha
e que terá de dispersar-se a multidão.
Muitas pessoas reunidas não têm freios
e a indisciplina dos soldados e marujos
é tão danosa quanto o fogo que se alastra,
e até os bons mostram-se maus quando ela impera.

Sai TALTÍBIO. HÉCUBA *prossegue, dirigindo-se agora a uma escrava.*

Apanha já um vaso, velha escrava minha;
depois vai mergulhá-lo nas águas do mar
e traze-o até aqui; é meu dever
banhar pela última vez a minha filha,
esposa sem esposo, deplorável virgem
que já não é mais virgem... Desejo lavá-la
e apresentá-la, não à altura de seus méritos
— não é possível! — mas tanto quanto eu puder
(como poderia fazê-lo de outro modo?).
Para enfeitá-la eu pediria às cativas
agora confinadas nas tendas mais próximas
que tentassem furtar de seus senhores gregos
alguns adornos nos alojamentos deles.
Ah! Minha esplêndida morada! Ah! Palácio,
até há pouco tempo imensamente próspero!
Ah! Tu, que tinhas tantos e tão belos filhos,
pai felicíssimo, Príamo, rei de Tróia,
e eu, velha mãe deles! Hoje nada somos
e nada nos restou da altivez antiga!
Ambos nos orgulhávamos, eu das riquezas
de meu palácio e tu da fama gloriosa
que desfrutávamos então em nossa Tróia!
Eram apenas ilusões tantos projetos
de nossas almas e as palavras retumbantes
de nossos lábios em nosso arrebatamento!
Só é feliz quem nunca foi desventurado.

Saem HÉCUBA *e a* ESCRAVA *em direções opostas.*

CORO

Fomos votadas à infelicidade,

fomos votadas a dores sem fim
desde o primeiro dia em que no Ida
Páris cortou o pinheiro fatídico[29]
que lhe serviu para singrar as águas
sulcadas de ondas, até alcançar
a mais formosa das muitas mulheres
iluminadas pelo sol — Helena.
Giram em círculo, aprisionando-nos,
duras necessidades e infortúnios;
da insensatez de apenas um troiano
saiu a desventura de nós todas.
Ele, nosso assassino, caiu morto
às margens do Simóis[30], exterminado
por mãos vindas de terras estrangeiras.
O julgamento do litígio fútil[31]
entre as três deusas bem-aventuradas
por um pastor de bois no alto Ida
foi a causa da guerra impiedosa
e da ruína total de nossos lares!
Também ouviram-se muitos gemidos
ao longo das margens do belo Eurotas,
e numerosas filhas da Lacônia[32]
choraram muitas e sentidas lágrimas.
E muitas mães, ouvindo a informação
da morte de seus filhos em combate,
usavam furiosamente as mãos
para arrancar os seus cabelos brancos
e ferir com as unhas suas faces
até correr o sangue pelos sulcos.

Reaparece a E*SCRAVA* *arrastando um cadáver envolto em panos.*

ESCRAVA

Dirigindo-se ao C*ORO.*

Onde estará agora Hécuba infeliz,
ela, que ultrapassou a espécie feminina
e os homens todos em desgraças incontáveis?
Nisto ninguém disputará sua coroa!

CORIFEU

Que aconteceu? Ah! Hécuba desventurada!
Nunca adormecem essas lúgubres mensagens.

ESCRAVA

Voltei trazendo-lhe dores insuspeitadas.
Em meio a tantos e tão grandes sofrimentos
não é possível dizer coisas agradáveis.

CORIFEU

Ei-la que sai de sua tenda neste instante.
Ela chegou na hora certa para ouvir-te.

ESCRAVA

Ah! Hécuba muito infeliz! (Digo tão pouco...).
Minhas palavras te aniquilarão, senhora...
Já não verás a luz! Sem filhos, sem esposo
e sem cidade, tua ruína consumou-se!

HÉCUBA

Nada de novo estás dizendo, velha escrava;
conheço muito bem as minhas desventuras.

Percebendo o cadáver coberto.

Por que me trazes o corpo de Polixena?
Disseram-me que os gregos todos se apressavam
a lhe prestar as derradeiras honras fúnebres.

ESCRAVA

Dirigindo-se às mulheres do CORO.

Ela não sabe e chora só por Polixena,
sem perceber seu infortúnio mais recente...

HÉCUBA

Como sou infeliz! Será que este cadáver
é de Cassandra, a profetisa iluminada?

ESCRAVA

Falas de uma de tuas filhas inda viva;
deves gemer por este morto, e não por ela.

Removendo o pano que cobria o cadáver.

Observa este cadáver nu; não estás vendo
algum prodígio além de tua expectativa?

HÉCUBA

Ai! Infeliz de mim! Agora vejo morto
meu filho Polidoro, que eu imaginava
estar em casa de um anfitrião na Trácia.
Despeço-me da vida, pois já não existo!
Ai! Filho meu! Ai! Meu filho muito querido!
Começo a entoar este prelúdio triste
aos meus lamentos — hino de alienação
que me ensinou um gênio lúgubre e fatal!

ESCRAVA

Percebes a sorte funesta de teu filho?

HÉCUBA

Incrível espetáculo! Incrível!
Um após outro os males se sucedem!
Nunca mais cessarão os meus gemidos!

CORIFEU

Terríveis! São terríveis as nossas desgraças!

HÉCUBA

Ah! Filho desta mãe infortunada!

Como perdeste a vida, filho meu?
Que golpe te atingiu lá onde estavas?
Pelas mãos de que homens foste morto?

ESCRAVA

Ignoro; encontrei-o assim à beira-mar.

HÉCUBA

Lançado à areia fria de uma praia
ou abatido por lança mortífera?

ESCRAVA

Trouxeram o cadáver as ondas do mar.

HÉCUBA

Curvando-se sobre o cadáver.

Ai! Ai! Somente agora compreendo
um sonho meu, uma visão noturna
— jamais, em tempo algum esquecerei
o espectro tenebroso de asas negras! —
na qual me apareceste, pobre filho
(já não vivias sob a luz do sol!).

ESCRAVA

Quem o matou, de acordo com tua visão?

HÉCUBA

Foi nosso anfitrião — sim, ele mesmo! —;
o cavaleiro trácio[33] a quem Príamo,
seu pai, o confiara ocultamente.

CORIFEU

Ele o matou para tirar-lhe o ouro? Fala!

HÉCUBA

Inominável, indizível crime,
mais torpe que os limites do estupor,
intolerável, ímpio! Não existe
uma justiça protetora de hóspedes?
Como cortaste suas carnes, monstro,
e mutilaste impiedosamente
com o ferro de teu gládio esta criança!

CORIFEU

Ah! Infeliz! O deus que hoje te destrói
— qual será ele? — fez de ti, aflita Hécuba,
a vítima escolhida para provações!
Mas já percebo, aproximando-se daqui,
rei Agamêmnon, vencedor de nossa Tróia.
De agora em diante, amigas, façamos silêncio.

Entra AGAMÊMNON com seu séquito.

AGAMÊMNON

Dirigindo-se a HÉCUBA.

Que esperas para sepultar a tua filha?
Taltíbio anunciou-me que nenhum argivo
devia pôr as mãos em Polixena morta.
Deixamo-la e ninguém tocou em seu cadáver,
mas tardas muito e isto deixa-me surpreso.
Venho apressar pessoalmente a tua ida,
pois lá onde eu estava tudo foi bem-feito
— se se pode falar em "bem" nesses momentos.

Percebendo o cadáver.

Mas, que troiano é este cujo corpo jaz
perto das tendas? Ele não pode ser grego;
os panos que o envolvem não admitem dúvidas.

HÉCUBA

Ainda em solilóquio, debruçada sobre o cadáver.

Ah! Hécuba infeliz (falo comigo mesma...),
que deverei fazer nesta situação?
Abraçar os joelhos do rei Agamêmnon
ou suportar meus muitos males em silêncio?

AGAMÊMNON

Por que voltas em minha direção, mulher,
teu rosto maltratado e te lamentas tanto
sem encarar os fatos? De quem é o corpo?

HÉCUBA

Ainda em solilóquio.

Mas se, vendo uma escrava, uma inimiga em mim,
ele não me deixasse envolver-lhe os joelhos,
eu juntaria mágoas novas às antigas.

AGAMÊMNON

Não sou capaz de adivinhar e não consigo
perceber claramente onde queres chegar.

HÉCUBA

Ainda em solilóquio.

Estou exagerando em minhas conjecturas
a ponto de supor sem fundamento algum
que o coração do rei dos gregos é hostil?

AGAMÊMNON

Se queres que eu ignore os acontecimentos
relativos a ti, declaro-me de acordo.
Não tenho a pretensão de entrar em tua mente.

AGAMÊMNON faz menção de retirar-se.

HÉCUBA

Ainda em solilóquio.

Não poderei em tempo algum vingar meu filho
sem o apoio de Agamêmnon. De que serve
continuar a remoer meus pensamentos?
Tenho de ousar, embora não esteja certa
de ser bem-sucedida em meus justos propósitos.

HÉCUBA ergue-se e vai ajoelhar-se diante de AGAMÊMNON.

Suplico-te, Agamêmnon, pelos teus joelhos,
pelo teu queixo e pela tua mão direita!

AGAMÊMNON

Quais são as tuas pretensões? Responde, Hécuba!
Recuperar a liberdade? Será fácil.

HÉCUBA

De forma alguma! Se conseguir castigar
o causador da morte de meu pobre filho,
consentirei em ser escrava até morrer.

AGAMÊMNON

Por que, então, estás querendo nossa ajuda?

HÉCUBA

Teu pensamento não alcança meus desígnios.
Vês este corpo sobre o qual derramo lágrimas?

AGAMÊMNON

Vejo, mas não percebo ainda o teu intuito.

HÉCUBA

Apontando para o cadáver.

Ele era um de meus filhos; esteve em meu ventre.

AGAMÊMNON

Ah! Infeliz! Qual de teus filhos ele era?

HÉCUBA

Ele não foi um dos muitos filhos de Príamo
aniquilados nos combates lá em Tróia.

AGAMÊMNON

Tinhas, então, mulher, um filho em outras terras?

HÉCUBA

Sim, este que estás vendo, mas não desfrutamos
de sua companhia; quisemos poupá-lo.

AGAMÊMNON

E onde estava ele quando caiu Tróia?

HÉCUBA

Seu pai fê-lo sair para salvar-lhe a vida.

AGAMÊMNON

Para que terra Príamo o mandou, sozinho,
privando-o do convívio dos outros irmãos?

HÉCUBA

Para este país, ao encontro da morte.

AGAMÊMNON

A fim de conviver com o rei Poliméstor?

HÉCUBA

Sim, para seu palácio, e com o nosso filho
veio ouro sem conta — sua perdição.

AGAMÊMNON

Por quem ele foi morto? E como o assassinaram?

HÉCUBA

Tirou-lhe a vida seu anfitrião, o trácio.

AGAMÊMNON

Infortunado jovem! Certamente o rei
queria apoderar-se do ouro trazido.

HÉCUBA

Tu mesmo adivinhaste; foi quando ele soube
que os frígios todos tinham sido aniquilados.

AGAMÊMNON

Onde o acharam? Quem o trouxe para cá?

HÉCUBA

Apontando para a ESCRAVA.

Foi esta escrava; ela o descobriu na praia.

AGAMÊMNON

Ela foi procurá-lo, ou buscar outras coisas?

HÊCUBA

Dei-lhe a incumbência de trazer água do mar
para lavarmos o corpo de Polixena.

AGAMÊMNON

Depois de assassiná-lo, seu anfitrião
quis desfazer-se do cadáver — penso eu.

HÉCUBA

Ele o lançou ao mar, depois de mutilá-lo.

AGAMÊMNON

Ah! Infeliz mulher! Tens sofrido demais!

HÉCUBA

Estou aniquilada! Existirão ainda
calamidades que eu não tenha conhecido?

AGAMÊMNON

Pobre de ti! Terá havido neste mundo
desdita igual à tua, infortunada Hécuba?

HÉCUBA

Somente a do Infortúnio personificado.
Mas, já que estou aqui ajoelhada, escuta:
se te parecem merecidas minhas penas,
resigno-me. Se não, vinga-me deste homem,
o mais impiedoso dos anfitriões,
que sem temor algum dos deuses infernais
e das alturas, cometeu um sacrilégio.
Depois de sentar-se conosco em nossa mesa
vezes sem conta e de ter sido nosso hóspede
com freqüência maior que qualquer outro amigo,
depois de receber a retribuição
de seus favores, embora fosse incumbido
de proteger o nosso filho ele o matou.
Inda que seu desejo fosse exterminá-lo,
por que lhe recusou um túmulo condigno
e preferiu jogá-lo ao mar perversamente?
Agora sou escrava e as forças me faltam,
mas os deuses são fortes, tanto quanto a Lei
vigente para todos eles; essa Lei
nos faz acreditar em sua onipotência

e distinguir os atos justos dos injustos.
Se, posta em tuas mãos potentes, Agamêmnon,
a Lei é desobedecida, e se desdenham
da punição os assassinos de seus hóspedes
ou os profanadores dos templos divinos,
não há mais dignidade na existência humana.
Admite que isto seria vergonhoso
e mostra teu respeito à minha desventura!
Tem compaixão de mim! Mesmo a certa distância,
como os pintores fazem, vê e com teus olhos
percebe os infortúnios nunca imaginados
que me aniquilam totalmente. Há pouco tempo
eu era uma rainha e hoje estou aqui
na condição de tua escrava; lá em Tróia
eu era a mãe feliz de numerosos filhos
e agora eis-me aqui, uma anciã, sem eles,
completamente só e sem a minha pátria,
mais infeliz que todos os outros mortais!

AGAMÊMNON dá alguns passos, como se fosse embora.

Ah! Quanta desventura! Para onde vais?
Teus pés estão querendo afastar-te de mim?
Vejo que nada poderei obter de ti
— ai, infeliz de mim! Tentamos dominar
outros conhecimentos e nos esforçamos
por adquiri-los, em vez de nos dedicarmos
à posse dos segredos da persuasão,
que reina sobre os homens como soberana;
por que não insistimos para conquistar,
mesmo a peso de ouro, a ciência perfeita[33a]?
Somente com a sua ajuda poderíamos
persuadir quem desejássemos e assim
preponderar sobre nossos opositores.
Não posso vislumbrar sequer uma esperança,
embora inútil, de ser ainda feliz.
Meus muitos filhos já perderam suas vidas
e eu mesma partirei dentro de pouco tempo,
aniquilada, para um cativeiro iníquo;
e daqui vejo o fumo que ainda se eleva
de minha pátria em chamas, reduzida a ruínas.
Talvez minhas invocações agora a Cípris[34]

sejam palavras vãs, mas tenho de dizê-las.
A teu lado, Agamêmnon, deita-se Cassandra
uma de minhas filhas, profetisa autêntica
ouvida até há poucos dias pelos frígios.
Como demonstrarás se a companhia dela
te dá algum prazer? Dos abraços de amor
em seu leito de amante, que contentamento
terá Cassandra? E que satisfação terei
proveniente dela? A noite e seus deleites
são a dádiva máxima para os mortais.
Escuta, então: estás vendo o meu filho morto?
Dá ordens para que não faltem ao cadáver
as atenções devidas, pois este favor
estará sendo concedido a um cunhado.
Tenho a dizer ainda umas poucas palavras:
por que meus braços frágeis, minhas mãos, meus pés
e meus cabelos não ganham o dom da voz
graças às artes mágicas de um novo Dédalo[35]
ou ao poder de um deus, para abraçarem juntos
os teus joelhos, soluçando e exortando-te
num coro uníssono de comoventes súplicas?
Ah! Meu senhor e rei, luz máxima da terra!
Deixa-me convencer-te, estende a esta velha
teu braço vencedor para minha vingança!
Nada mais valho, mas apesar disso escuta-me!
Condiz com os bons sentimentos das pessoas
servir à causa respeitável da justiça
e castigar os maus em toda parte e sempre.

CORIFEU

Entre os mortais observam-se coisas estranhas.
A lei suprema da justiça nos impõe
necessidades novas e surpreendentes,
transformando em amigos inimigos duros
e em hostilidade antigas amizades!

AGAMÊMNON

Retrocedendo e ajudando HÉCUBA a erguer-se.

Tenho pena de ti e de teu filho, Hécuba,

de tuas desventuras, das mãos suplicantes.
Desejo, tanto no interesse dos bons deuses
como no da justiça humana, castigar
o impiedoso anfitrião, se vislumbrar
um meio eficiente de satisfazer-te
sem dar a meu exército a falsa impressão
de estar tramando aqui a morte do rei trácio,
incentivado por meu amor a Cassandra.
Mas me perturba um pensamento: meus soldados
vêem no trácio um amigo, e no defunto
um filho do rei Príamo e nosso inimigo.
Se me comove o infortúnio de teu filho
revelo um sentimento meu, indiferente
a meus soldados. Deves admitir, então,
que posso estar disposto a te prestar ajuda,
prestes a socorrer-te porém hesitante,
pois não quero incorrer na censura dos gregos.

HÉCUBA

Nenhum mortal pode considerar-se livre.
Uns são escravos da riqueza, outros da sorte,
pois ora as prescrições da lei, ora os caprichos
da maioria nos impedem de seguir
nossas inclinações, submissos aos desejos.
Levando em consideração os teus receios
e as concessões à multidão onipotente,
incumbo-me de te livrar desses temores.
A tua omissão será suficiente
quando eu tramar e executar minha vingança
contra o hipócrita assassino; não pleiteio
tua cumplicidade. Mas, se teus soldados
manifestarem solidariedade ao trácio,
ou se tentarem socorrê-lo no momento
de ele sofrer a merecida punição,
esforça-te por dominá-los sem mostrar
que atuas para me apoiar em meu intento.
Fica tranqüilo quanto ao resto, meu senhor;
eu mesma cuidarei da execução do plano.

AGAMÊMNON

Como? Que vais fazer? Empunharás o gládio

com tuas próprias mãos para matar o trácio?
Ou usarás veneno? Alguém te apoiará?
Que mãos te ajudarão? Que amigos chamarás?

HÉCUBA

Há nessas tendas muitas e fiéis troianas.

AGAMÊMNON

Referes-te às prisioneiras, às escravas?

HÉCUBA

Vingar-me-ei com elas de meu assassino.

AGAMÊMNON

E como essas mulheres vencerão os homens?

HÉCUBA

Elas são numerosas; isso lhes dá força,
e com a sua astúcia serão invencíveis.

AGAMÊMNON

Por certo o número é temível; quanto ao resto,
a raça das mulheres não é confiável.

HÉCUBA

Por quê? Não foram as mulheres que venceram
seus pretendentes, os filhos do rei Egito[36],
e assassinaram todos os homens de Lemnos[37]?
Aceita minha idéia; abundam os exemplos.

Apontando para uma das servas.

Providencia a ida, livre de perigos,
desta mulher até o acampamento trácio.

Dirigindo-se à serva.

Vai procurar o anfitrião cruel e dize-lhe:
"A velha Hécuba, ex-rainha de Ílion,
mandou-me vir até aqui para chamar-te
a fim de tratar de um assunto dela e teu.
Leva também teus filhos para esse encontro;
eles devem ouvir o que ela vai dizer".

A serva afasta-se. HÉCUBA volta a dirigir-se a AGAMÊMNON.

Enquanto estamos esperando o convidado,
suspende os funerais de minha pobre filha
sacrificada há pouco tempo; então meu filho
e sua irmã — dupla amargura para mim,
a mãe de ambos — descerão à sepultura.

AGAMÊMNON

Faça-se tudo como queres. Se o exército
pudesse agora entrar nas naves e se elas
pudessem navegar, eu não teria meios
de te ajudar a pôr em prática teus planos.
Mas nossas divindades inda não mandaram
as brisas favoráveis e somos forçados
a retardar nossa partida e esperar
indefinidamente a hora de embarcar.
Queiram os deuses que o sucesso nos sorria,
pois interessa a todos nós, a cada um
e à cidade a punição de quem fez mal
e a recompensa de ventura a quem é bom.

Retira-se AGAMÊMNON, seguido por sua escolta.

CORO

Ílion, nossa pátria! Nunca mais
serás cantada entre as poucas cidades
inconquistadas, tão grande é a nuvem
de gregos bem armados que te encobre
depois de devastar-te inteiramente
com suas lanças — sim, com suas lanças!

Tua coroa de muralhas, Tróia,
foi arrasada e por todos os lados
o denso fumo te pintou de negro,
como se fosses uma triste mancha!
Cidade infortunada! Nunca mais
nossos passos percorrerão teu solo!
Chegaste ao fim durante a noite escura
quando, acabada a refeição final,
pesou o sono doce em nossas pálpebras;
depois dos hinos e encerrando as danças
habituais nas festas, nossos homens
foram para as alcovas repousar
deixando as lanças em seus ganchos firmes,
pois já não viam os soldados gregos
perto de Tróia fundada por Ilo[38].
Nós penteávamos nossos cabelos
e os púnhamos com fitas para o alto,
olhando para o círculo polido
de um espelho dourado; logo após
fomos deitar-nos sob os cobertores.
Naquele instante ouvimos o clamor
que se elevava por toda a cidade
e transmitia a ordem terminante:
"Quando conquistareis, filhos da Grécia,
a cidadela que domina Ílion
para depois voltar a vossos lares?"
Deixando nossos leitos agradáveis
vestidas só com túnicas sumárias
iguais às preferidas pelas dórias,
fizemos preces à divina Ártemis,
mas não fomos ouvidas — ai de nós!
Vimos então nossos esposos mortos
e fomos arrastadas brutalmente
até as naus no mar cheio de ondas;
de longe olhávamos nossa cidade,
e percorrendo a rota de retorno
a nau nos afastou da pátria amada.
Era o início de nossa desdita.
A irmã dos dois Diôscuros[39], Helena,
e seu fatídico pastor de bois
do monte Ida — Páris desastroso —
são responsáveis pela nossa ruína;

foi ele quem nos desterrou de Tróia
para morrermos em terras distantes,
banindo-nos assim de nossos lares
— sim, essa esposa que não foi esposa,
flagelo imposto a toda uma cidade
por um maldito gênio vingador!
Queiram os deuses que as ondas do mar
se neguem a levá-la para a Grécia
e que jamais lhe seja concedida
a graça de voltar ao lar paterno!

Em companhia da serva entra POLIMÉSTOR, devidamente escoltado, empunhando duas lanças à maneira trácia, acompanhado por seus dois filhos.

POLIMÉSTOR

Ah! Príamo, o mais caro de todos os homens,
e tu, caríssima entre todas as mulheres,
Hécuba! Choro quando te contemplo e penso
em ti, em tua Tróia, em tua pobre filha
que acabas de perder! Ah! Nada é seguro!
A glória não o é e a ventura presente
não nos garante contra os males do futuro.
Os deuses tumultuam tudo de alto a baixo
disseminando a incerteza e a desordem
para forçar-nos a invocá-los e adorá-los,
nós, os escravos da ignorância em que vivemos.
Mas é inútil lamentar e soluçar,
pois não podemos evitar os nossos males.
Quanto a ti, Hécuba, se me recriminavas
por minha ausência, estou aqui; conta comigo.
Quando chegaste eu me encontrava muito longe,
no meio da imensa Trácia. Ao regressar,
mal tinha posto os pés fora de meu palácio,
vi a escrava que mandaste ao meu encontro,
levando-me tua mensagem pessoal.
Depois de ouvir suas palavras, eis-me aqui.

HÉCUBA

Em meio a tantos males que me afligem hoje

sinto vergonha quando te vejo de perto.
Diante de quem já me viu muito feliz,
leva-me o meu pudor a sentir claramente
a miserável condição a que cheguei;
falta-me o ânimo para te olhar nos olhos.
Não penses, Poliméstor, que estou ressentida.
Posso alegar ainda outro motivo forte:
por causa de nossos costumes, nós, mulheres,
não temos permissão para encarar os homens.

POLIMÉSTOR

Nada há de extraordinário neste fato.
Mas, dize-me: que esperas conseguir de mim?
Por que me fizeste sair de meu palácio?

HÉCUBA

É um assunto estritamente reservado;
vou revelá-lo só a ti e a teus dois filhos.
Dá ordens à escolta para se afastar;
todos devem ficar longe de minha tenda.

POLIMÉSTOR

Dispensando sua escolta com um gesto.

Ide, pois é seguro este lugar quieto.

Dirigindo-se a HÉCUBA.

És minha amiga e tenho aqui a proteção
das tropas gregas. Deves explicar-me agora:
que tipo de socorro um braço afortunado
pode prestar a uma amiga infortunada?
Aqui me tens, pronto e disposto a te ajudar.

HÉCUBA

Dize-me, em primeiro lugar, senhor da Trácia:
o filho amado que há algum tempo te entregamos,
eu e seu pai, para ficar contigo aqui

e receber a tua proteção de amigo
— falo de Polidoro — inda está vivo e bem?
Depois farei outras perguntas, Poliméstor.

POLIMÉSTOR

Perfeitamente. Quanto a isto, és feliz.

HÉCUBA

Tuas palavras boas são dignas de ti...

POLIMÉSTOR

Que mais queres saber de minha boca, Hécuba?

HÉCUBA

Ele fala de mim, de quem lhe deu a vida?

POLIMÉSTOR

Sim, e estava ansioso por ver-te em segredo.

HÉCUBA

E o ouro que veio com ele está intacto?

POLIMÉSTOR

O ouro está seguro em meu próprio palácio.

HÉCUBA

Conserva-o, sem cobiçar os bens alheios.

POLIMÉSTOR

Jamais! Bastam-me os muitos bens somente meus.

HÉCUBA

Sabes o que direi a ti e a teus dois filhos?

POLIMÉSTOR

Enquanto não disseres não posso saber.

HÉCUBA

Ah! Tu, que amo na medida de teus méritos...

POLIMÉSTOR

Que temos de saber, eu e meus filhos, Hécuba?

HÉCUBA

Há um antigo esconderijo onde se oculta
o ouro acumulado pelos Priamidas[39a].

POLIMÉSTOR

E mandas-nos dizer também isto a teu filho?

HÉCUBA

Leva a mensagem. És um homem generoso.

POLIMÉSTOR

Por que insistes na presença de meus filhos?

HÉCUBA

Um dia morrerás... Eles devem saber.

POLIMÉSTOR

Falaste bem. Este cuidado é muito sábio.

HÉCUBA

Por acaso conheces o lugar exato
onde se guarda em Tróia o tesoura de Palas?

POLIMÉSTOR

É lá, então, o esconderijo do tesouro?
E que sinal inconfundível o indica?

HÉCUBA

Há uma pedra negra marcando o lugar.

POLIMÉSTOR

Ainda tens algo a dizer-me quanto a isto?

HÉCUBA

Também são tuas as riquezas que inda tenho.

POLIMÉSTOR

Onde estão elas? Escondidas em teus véus?

HÉCUBA

Guardei-as lá na tenda sob alguns despojos.

POLIMÉSTOR

Que tenda? Aqui é o ancoradouro grego.

HÉCUBA

Uma das destinadas a nós, as cativas.

POLIMÉSTOR

Ela é segura? Não haverá homens lá?

HÉCUBA

Aqui não há aqueus; só nós ficamos nelas.
Entremos. Os soldados estão ansiosos
por retirarem as escoras reforçadas

que seguram as naus e por partirem logo
para a pátria distante. E quando receberes
tudo que te é devido irás com teus dois filhos
juntar-te ao meu no lugar que lhe destinaste.

HÉCUBA entra na tenda com POLIMÉSTOR e os filhos dele.

CORO

Ainda não sofreste a punição,
mas a receberás (nós a veremos!).
E como alguém que distante da terra
cai de repente no profundo mar,
despenharás de tuas esperanças
e perderás a vida. Se incorremos
em dívidas diante da justiça
e das onividentes divindades,
a morte e nada mais pode quitá-las.
Os feitos que te condenam à morte
levar-te-ão por certo ao negro Hades.
Tua existência chegará ao fim
entre mãos muito fracas para a guerra.

Ouve-se um grito prolongado vindo da tenda.

POLIMÉSTOR

Do interior da tenda.

Ai! Infeliz de mim! Elas me estão cegando!
As mulheres tiraram a luz de meus olhos!

CORIFEU

Dirigindo-se ao CORO.

Ouvistes o grito do trácio, amigas minhas?

POLIMÉSTOR

Do interior da tenda.

Ai! Outro golpe! Agora massacram meus filhos!

CORIFEU

Dirigindo-se ao CORO.

Estão acontecendo fatos horrorosos!

POLIMÉSTOR

Do interior da tenda.

Não espereis fugir daqui a passos rápidos!
Destruirei com meus projéteis esta tenda!
De minha mão pesada já saiu um deles!

Ouvem-se ruídos de golpes e de passos precipitados na tenda.

CORIFEU

Dirigindo-se ao CORO.

Quereis lançar-vos neste instante contra ele?
São decisivos para nós estes momentos;
cumpre-nos ajudar as troianas e Hécuba!

Reaparece HÉCUBA saindo da tenda.

HÉCUBA

Dirigindo-se a POLIMÉSTOR, que ainda estava na tenda.

Destrói! Não poupes coisa alguma! Quebra a porta!
Tuas pupilas nunca mais verão a luz!
Jamais verás teus filhos vivos, pois matei-os!

CORIFEU

Dirigindo-se a HÉCUBA.

Aniquilaste mesmo o anfitrião da Trácia?
Venceste-o, senhora? Falas a verdade?

POLIMÉSTOR sai da tenda, tateando e com o andar vacilante.

HÉCUBA

Dirigindo-se ao CORIFEU.

Tu mesma podes vê-lo agora em frente à tenda,
um cego vacilante andando a passos cegos,
desnorteado; teus olhos também verão
os corpos dos dois filhos dele; exterminei-os
com o precioso auxílio das bravas troianas.
Apenas fiz justiça e agora me afasto
para livra-me da torrente de furor
que impele Poliméstor, inimigo rude.

Abre-se a porta da tenda e aparecem os cadáveres dos dois meninos, POLIMÉSTOR avança, sempre tateando, com o rosto ensangüentado.

POLIMÉSTOR

Movimentando-se com dificuldade em todas as direções.

Ai! Ai de mim! Que rumo deverei seguir?
Onde me deterei? Onde me apoiarei?
Como um quadrúpede, uma fera das montanhas,
irei embora, seguindo com os pés e as mãos
os rastros de meus inimigos. E que trilha
— aquela, esta — escolherei como a melhor?
Quero alcançar estas troianas assassinas,
culpadas de minha desgraça irreparável!
Ah! Detestáveis filhas da pátria dos frígios!
Em que refúgios elas irão ocultar-se
para fugir de mim? Cura meus olhos, Sol!
Livra-me da cegueira, das trevas horríveis!

POLIMÉSTOR detém-se para escutar.

Ai! Ai! Silêncio! Escuto seus passos furtivos!
Para onde lançar-me-ei num salto ágil
a fim de saciar depressa minha fome
em suas carnes e em seus ossos nauseantes
num banquete brutal, e de lhes infligir

a justa punição pelo mal indizível
que há pouco tempo me causaram? Ah! Desgraça!

Poliméstor tenta iniciar a perseguição, mas se detém novamente.

Com que destino, por que rota seguirei,
abandonando os corpos de meus pobres filhos
a estas infernais bacantes que sem dúvida
irão decapitá-los e despedaçá-los
para serem lançados cruelmente aos cães
como pasto sangrento nas trilhas dos montes?

Poliméstor tenta voltar à tenda.

Onde me deterei, dobrando meus joelhos?
Como um marujo recolhe as velas de linho
de sua nave usando as cordas, vou chegar
ao leito onde eles jazem, pois é meu dever
zelar pelos cadáveres de meus dois filhos!

CORIFEU

Ah! Infeliz! Tratam-te impiedosamente!
Por causa de tua conduta desumana
um deus — não sei dizer qual deles — infligiu-te
a punição terrível que hoje te aniquila!

POLIMÉSTOR

Vinde ajudar-me, trácios, ótimos lanceiros,
bons cavaleiros excelentemente armados,
raça cheia do sopro de Ares combativo!
Vinde ajudar-me, Atridas[40]! Escutai meus gritos
e meu apelo — meu apelo! Vinde logo,
vinde, por nossos deuses! Estou sendo ouvido?
Que esperais? Ninguém se apressa a socorrer-me?
Mulheres — sim, cativas! — tentaram matar-me
e me trataram brutalmente! Ai de mim!
Elas me mutilaram! Para onde irei?
Para onde meus passos poderão levar-me?
Conseguirei alçar-me até o firmamento
onde fulguram as pupilas inflamadas

de Oríon e de Sírio[41]? Irei agora
— ai, ai de mim! — para os negríssimos umbrais
por onde se penetra no reino de Hades?

CORIFEU

É perdoável que uma vítima de males
superiores à capacidade humana
de suportá-los, tente por todos os modos
livrar-se assim de uma existência miserável.

Entra novamente AGAMÊMNON *com seu séquito.*

AGAMÊMNON

Ouvi estrepitosos gritos; eis-me aqui;
Eco[42], filha das rochas de todos os montes,
clama através de nosso numeroso exército
a ponto de alarmar-nos. Se as muralhas frígias
não tivessem caído ao derradeiro impacto
das lanças gregas — todos nós sabemos disso —
este alarido teria causado o pânico.

POLIMÉSTOR

Identifico a tua voz, caro Agamêmnon.
Já percebeste a extensão de minha dor?

AGAMÊMNON

Recuando horrorizado.

Ah! Poliméstor infeliz! Quem provocou
a tua perdição? Quem conseguiu cegar
teus olhos, de onde o sangue ainda está saindo?
E quem matou teus filhos, cujos corpos vejo?
Por certo o assassino estava ressentido
contra ti, rei, e teus desventurados filhos!

POLIMÉSTOR

Foi Hécuba, ajudada por muitas cativas.

Ela me aniquilou! Que digo? Aniquilou?
Faltam palavras para minha desventura...

AGAMÊMNON

Dirigindo-se a HÉCUBA.

Mas como? Foste a autora deste feito horrendo,
de acordo com as palavras dele? Ousaste, Hécuba,
realizar esta proeza inconcebível?

POLIMÉSTOR

Tentando lançar-se contra HÉCUBA.

Que falas, Agamêmnon? Ela está aqui?
Dize-me em que lugar! Quero agarrá-la já
com minha mãos e estraçalhá-la e afogá-la
em sangue neste mesmo instante! Dize logo!

AGAMÊMNON

Contendo POLIMÉSTOR.

Que se passa contigo agora, Poliméstor?

POLIMÉSTOR

Rogo-te pelos deuses, Agamêmnon! Deixa-me
pôr sobre ela minhas próprias mãos frenéticas!

AGAMÊMNON

Tira do coração os sentimentos bárbaros
e fala em vez de agir. Desejo ouvir-te e ouvi-la,
para poder julgar de modo imparcial
a causa de teres sido tratado assim.

POLIMÉSTOR

Ouve-me, então. O filho da rainha Hécuba
era o mais jovem entre os muitos Priamidas[43]

e se chamava Polidoro. O rei Príamo,
seu pai, afastou-o de Tróia e me pediu
para criá-lo em meu palácio, pressentindo,
sem dúvida, a ruína de sua cidade.
Matei-o, mas escuta agora meus motivos
para tirar-lhe a vida; saberás assim
do bem que fiz e de minha conduta sábia.
Temia que o menino, se sobrevivesse,
fosse teu inimigo e restaurasse Tróia,
repovoando-a, e que os bravos gregos,
considerando o risco de estar vivo um filho
do velho Príamo, quisessem repetir
a expedição contra o país da gente frígia.
Isso traria a exaustão das terras trácias
em conseqüência de pilhagens sucessivas.
Em decorrência disso os vizinhos de Tróia
seriam atingidos por outro desastre
igual a esse que acabamos de sofrer.
Ciente do destino de seu pobre filho,
Hécuba compeliu-me a vir até aqui,
sob o pretexto de dizer-me onde ficara,
em Tróia, o ouro pertencente aos Priamidas.
Ela me introduziu então em sua tenda,
somente com meus filhos, sem sequer um guarda,
para que ninguém mais soubesse do segredo.
Dobrando meus joelhos, sentei-me num leito.
Em grande número, algumas à direita,
outras à esquerda, como se faz entre amigos,
as cativas troianas, sentadas em fila,
elogiavam os tecidos produzidos
pelos edônios[44], louvando as minhas roupas,
que examinavam onde havia claridade;
outras, apreciando as minhas lanças trácias,
quiseram vê-las e me despojaram delas.
As que já eram mães gabavam os meus filhos
passando-os dos braços de umas para as outras,
até os afastarem de minha presença.
Após inúmeras palavras agradáveis
— os deuses sabem quantas! —, repentinamente,
sacando as armas disfarçadas não sei como
em suas vestes, traspassaram com punhais
meus pobres filhos. Outras, inda mais hostis,

depois de me atacarem juntas seguraram-me
pelos braços e pernas, imobilizando-me.
Quis socorrer meus filhos, mas quando tentei
erguer meu rosto elas puxaram-me os cabelos,
contendo-me. Esforcei-me por mover os braços,
porém a multidão de mulheres troianas
tornava inúteis meus esforços — ai de mim!
Por fim, levando sua crueldade ao cúmulo
elas inda aumentaram minha desventura
ao cometer um crime muito mais cruel:
usando os pinos de seus broches, as mulheres,
ensandecidas, perfuraram as pupilas
de ambos os meus olhos num banho de sangue.
Pouco tempo depois elas se retiraram,
deixando-me na tenda. Erguendo-me de um salto,
precipitei-me, como se fosse uma fera,
tentando perseguir, embora sem visão,
aquelas pérfidas cadelas assassinas.
Alvejei as paredes, como um caçador
valendo-me das lanças e golpes de punho.
Agora estás a par de minhas provações
por servir a teus interesses, Agamêmnon,
e por haver matado um inimigo teu.
Não me disponho a estender-me ainda mais;
se já se falou mal de todas as mulheres,
se ainda há quem fale e quem falará,
serei sucinto: nem a terra, nem o mar,
produzem criatura mais cruel que elas.
Quem já as encontrou um dia em seu caminho
conhece tanto quanto eu esta verdade.

CORIFEU

Não exageres na insolência! Não permitas
que a tua desventura te faça envolver
nesta censura todo o sexo feminino!
Muitas mulheres são de fato detestáveis,
mas quantas, por seus predicados, ultrapassam
o número daquelas realmente más!

HÉCUBA

Entre as criaturas humanas, Agamêmnon,

as palavras jamais devem prevalecer
sobre as ações. Quando se age retamente,
deve-se falar bem, e quando alguém faz mal,
suas palavras nos parecem vãs e ocas.
Nunca, jamais a injustiça possa ter
uma linguagem agradável aos ouvidos!
Os inventores de discursos refinados
são realmente hábeis, mas não podem ter
invariavelmente a mesma habilidade;
seu fim é inditoso e ninguém até hoje
se livrou dele. Quanto a ti, eis meu preâmbulo.

Apontando para POLIMÉSTOR.

Agora quero responder a este homem.
Afirmas que mataste meu querido filho
para poupar os gregos de uma dupla pena
e para prestar um serviço a Agamêmnon.
Devo dizer de início que jamais os bárbaros
serão amigos dos aqueus — muito ao contrário.
Qual o motivo de teu zelo, Poliméstor?
Seria o desejo de algum casamento?
Seriam os laços de sangue ou, porventura,
outras razões? Iriam eles devastar
as terras cultivadas de teu território
antes de retornar ao mar com suas naus?
Pensas que alguém aceitaria tais desculpas?
Se quisesses dizer apenas a verdade,
o ouro e tua cupidez foram as causas
da morte de meu filho. Dize-me, afinal:
quando existia Tróia e suas muralhas
ainda a protegiam, quando o velho Príamo
inda vivia e as armas de Heitor brilhavam,
por que, então — se querias ser agradável
a Agamêmnon — não mataste meu menino
deixado a teus cuidados e sob o teu teto,
ou por que não o entregaste vivo aos gregos?
Mas não! Foi só após deixarmos de existir,
depois do anúncio de que Tróia estava em chamas
aniquilada pelos nossos inimigos
que assassinaste o hóspede em teu próprio lar!
E isto não é tudo. Escuta, celerado,

na hora de mostrar teu péssimo caráter:
se eras realmente amigo dos aqueus,
estavas obrigado, quanto a este ouro
que pertencia a Polidoro e não a ti
de acordo com a tua própria confissão,
a entregá-lo aos gregos, tão necessitados
e há tanto tempo afastados de sua pátria.
Mas, mesmo neste instante falta-te coragem
para afastar as tuas mãos do ouro alheio
e insistes em guardá-lo ainda no palácio.
De fato, é no infortúnio que se vê melhor
a amizade das pessoas generosas;
quando somos felizes não faltam amigos.
Se meu filho vivesse e fosse venturoso,
e se passasses por alguma provação,
ele te ajudaria com o seu tesouro.
Agora, que teu crime te privou do amigo,
o ouro não te ajudará de forma alguma;
teus filhos foram-se e tu mesmo estás assim.

Voltando-se para AGAMÊMNON.

Digo-te, rei: se resolveres apoiá-lo,
serás considerado um homem de má índole;
terás favorecido um homem sem caráter,
impiedoso, infiel a seus deveres
de anfitrião, indiferente às divindades
e à justiça humana. Até pensaremos
que dás valor aos maus por seres como eles.
Mas não pretendo injuriar-te, meu senhor.

CORIFEU

Uma conduta reta dá sempre aos mortais
a eloqüência necessária aos bons discursos.

AGAMÊMNON

É dificílimo julgar erros alheios,
mas temos de fazê-lo, pois seria ignóbil,
após participar de um acontecimento,
não admitir também as suas conseqüências.

Dirigindo-se a POLIMÉSTOR.

A minha opinião, se queres conhecê-la,
é que nem os meus interesses como rei
nem os dos muitos gregos sob o meu comando
te compeliram a assassinar teu hóspede;
moveu-te, Poliméstor, o simples desejo
de conservar o ouro em teu próprio palácio;
colhido pela desventura, preferiste
falar como convinha às tuas ambições.
Aqui talvez seja banal matar um hóspede,
mas entre nós, os gregos, é um ato infame.
Como seria então possível absolver-te
sem incorrer numa justa condenação?
Não vejo, Poliméstor, meios de apoiar-te.
Ousaste agir dessa maneira degradante;
suporta agora as conseqüências de teu crime.

POLIMÉSTOR

Ai! Ai de mim! Vencido por uma mulher,
por uma escrava indigna de ombrear comigo,
terei de dar razão a quem não tem valor.

AGAMÊMNON

Mas se fizeste mal, a tua pena é justa.

POLIMÉSTOR

Choro por meus filhos e olhos! Ai! Desgraça!...

HÉCUBA

Choras? E eu, então, que perdi tantos filhos?

POLIMÉSTOR

Alegras-te por me ultrajares, celerada?

HÉCUBA

E não deveria alegrar-me? Estou vingada!

POLIMÉSTOR

Será fugaz esta alegria de que falas;
ela terminará quando o mar espumante...

HÉCUBA

... levar-me numa nau até as praias gregas?

POLIMÉSTOR

Não! Nunca! Antes disso ele te tragará
quando caíres do topo de um alto mastro!

HÉCUBA

Que braço, usando a força, me fará tombar?

POLIMÉSTOR

Tu mesma cairás sem que te forcem, Hécuba!

HÉCUBA

Com asas em meu dorso, ou de que outro modo?

POLIMÉSTOR

Transformada em cadela de olhos flamejantes!

HÉCUBA

Mas, quem te revelou essa metamorfose?

POLIMÉSTOR

Dirôniso divino, oráculo dos trácios[44a].

HÉCUBA

E ele te predisse teu destino horrível?

POLIMÉSTOR

Não, e por isto foste a minha perdição.

HÉCUBA

Este será meu fim, ou sobreviverei?

POLIMÉSTOR

Sim, morrerás, e darão nome a teu sepulcro.

HÉCUBA

E o nome evocará a minha nova forma?

POLIMÉSTOR

Por certo: a Cadela Infeliz, guia dos nautas.

HÉCUBA

Não vou sequer pensar nestas palavras vãs;
tua maldade trouxe-me a razão de volta.

POLIMÉSTOR

Cassandra, tua filha e profetisa insigne,
também perecerá dentro de pouco tempo.

HÉCUBA

Cuspindo na direção de POLIMÉSTOR.

Cuspo e quero que a morte caia sobre ti!

POLIMÉSTOR

Apontando na direção que imaginava ser a de AGAMÊMNON.

A mulher deste homem, guardiã terrível
de seu palácio, há de matá-lo brevemente.

AGAMÊMNON

Queiram os deuses que a Tindárida jamais[45]
seja atingida pela demência homicida!

POLIMÉSTOR

Ela ousará erguer o machado assassino
para tirar a vida do rei Agamêmnon.

AGAMÊMNON

Falando assim, demonstras que perdeste o senso!
Estás querendo a tua própria desventura?

POLIMÉSTOR

Mata-me, mas em Argos correrá teu sangue!

AGAMÊMNON

Dirigindo-se aos escravos de seu séquito.

Não ides arrastá-lo para longe, escravos?

POLIMÉSTOR

Minhas palavras te molestam, Agamêmnon?

AGAMÊMNON

Dirigindo-se ainda aos escravos.

Ainda não lhe fechastes a boca, escravos?

POLIMÉSTOR

Por que tu mesmo não a fechas? Já falei!

AGAMÊMNON

Dirigindo-se ainda aos escravos.

Ide e levai-o para algum lugar deserto!
A insolência dele passa dos limites!

Os escravos saem arrastando Polimêstor. Agamêmnon dirige-se a Hécuba.

Vai, triste Hécuba, enterrar os dois cadáveres!

Dirigindo-se ao Coro.

Vosso dever agora, mulheres troianas,
é caminhar sem mais demora para as tendas
dos chefes gregos de quem hoje sois escravas,
pois as brisas que nos conduzirão ao lar
começam a soprar. Seja-nos dada, então,
a graça de singrar os mares sem percalços
na volta à pátria para afinal revermos
os nossos lares, livres de todos os males!

Retira-se Agamêmnon, seguido por Hécuba.

CORIFEU

Enquanto o Coro sai lentamente de cena.

Encaminhemo-nos primeiro às tendas,
amigas minhas, e depois ao porto;
vivamos nossa vida de cativas,
submissas ao destino inexorável.

FIM

NOTAS À *HÉCUBA*

1. *Quersoneso Trácio.* Península a oeste do Helésponto, no sul da Trácia, onde se detiveram as naus gregas de volta da guerra de Tróia.

2. *Hades.* Deus dos infernos e também a designação das profundezas infernais, para onde iam os mortos.

3. *Filho de Aquiles.* Neoptólemo.

4. *Zeus.* O deus maior da mitologia grega. Aqui "luz do grande Zeus" corresponde a "luz do sol".

5. Na mitologia grega os sonhos eram filhos da noite.

6. Heleno era um dos cinqüenta filhos de Hécuba e Príamo e adivinho famoso em Tróia. No verso seguinte, Cassandra era também filha de Hécuba e Príamo, e dotada como seu irmão Heleno de dons proféticos.

7. A "bacante profetisa" era Cassandra. Ela era chamada de bacante por causa de seus delírios proféticos (por exemplo, no *Agamêmnon* de Ésquilo e nas *Troianas* de Eurípides).

8. Teseu era um herói e rei de Atenas. Seus filhos eram Acamas e Demofon.

9. Sendo Cassandra concubina de Agamêmnon, comandante dos gregos, não se deveria permitir que essa ligação levasse à recusa do sacrifício de Polixena, irmã de Cassandra, a Aquiles.

10. *Odisseu.* No original está "filho de Laertes".

11. Por ser mulher de Hades, deus maior dos infernos, Perséfone reinava também sobre os mortos.

12. O "filho de Laertes" é Odisseu.

12a. A repetição "triste ... triste" está no original, a exemplo de outras ao longo da peça.

12b. O "filho de Peleu" é Aquiles.

13. *Hades.* Veja-se a nota 2.

14. Esta tirada de Hécuba reflete o desprezo de Eurípides pelos demagogos de sua época, perniciosos à democracia ateniense por causa de sua atuação deletéria junto ao povo.

15. *Filha do rei Tíndaro* (ou Tindareu). Helena.

16. *Ida.* Uma montanha que dominava a paisagem de Tróia.

17. Tocar o queixo de alguém fazia parte do ritual da súplica.

18. *Frígia.* A região da Ásia Menor em que se situava Tróia, sua cidade principal.

19. Veja-se a nota 2.

20. Páris, filho de Hécuba e de Príamo como Polixena, foi o causador da guerra de Tróia por ter raptado Helena. O "filho de Tétis" no verso seguinte é Aquiles, também mencionado como "filho de Peleu".

20a. Cassandra, a profetisa na qual, por castigo de Apolo, ninguém acreditava, foi morta por Clitemnestra e por Egisto ao lado de Agamêmnon. Polidoro era outro filho de Hécuba e Príamo.

21. A "lacônia" no verso anterior era Helena. Os Diôscuros eram Cástor e Polideuces (o Pólux dos latinos).

22. *Terra dória.* O Peloponeso. A Ftia, no verso seguinte, era a pátria de Aquiles. O Apídano é um rio da Tessália.

23. A "ilha" é Delos.

24. Leto era a deusa mãe de Apolo, o deus cultuado especialmente em Delos; Ártemis, em seguida, era irmã de Apolo.

25. *Palas*. Um dos nomes de Atena, a "deusa do carro maravilhoso" a seguir.

25a. *Hades*. Veja-se a nota 2.

26. Tiradas como esta deram a Eurípides na antigüidade a fama de ateu.

27. Agamêmnon e Menelau eram filhos de Atreu e conhecidos como Atridas.

28. Jogavam-se folhas sobre os atletas vencedores das competições olímpicas, e este gesto foi uma homenagem à bravura de Polixena.

29. Para fazer com a madeira a nau que o levou à Grécia. *Ida*: veja-se a nota 16.

30. Simóis é um rio situado na Troas, cujas nascentes ficavam no monte Ida.

31. O julgamento de Páris a fim de decidir qual a deusa, entre Hera, Atena e Afrodite, que deveria ser proclamada a mais bela.

32. Eurotas é um rio na Lacedemônia. As "filhas da Lacônia" eram as espartanas, conterrâneas de Helena.

33. O "cavaleiro trácio" é Poliméstor.

33a. Eurípides alude aqui aos sofistas, professores da arte da persuasão, disputados a peso de ouro pelos jovens ricos de sua época.

34. *Cípris*. Um dos epítetos de Afrodite, a deusa do amor, nascida em frente à ilha de Chipre.

35. Dédalo era um arquiteto e escultor famoso na antigüidade lendária; ele era capaz de dar às suas estátuas, movimentos e capacidade de marchar. Este exagero de Eurípides, atribuindo a Hécuba o desejo de falar pelos braços, pelas mãos e até pelos pés e pelos cabelos é uma antecipação da expressão "falar pelos cotovelos", aplicada às vezes às mulheres.

36. As cinqüenta filhas de Dânaos, casadas contra a vontade com seus cinqüenta primos, filhos do rei Egito, mataram seus maridos numa mesma noite, obedecendo à ordem de seu pai. A única exceção foi Hipermestra.

37. Para punir os maridos infiéis as mulheres da ilha de Lemnos exterminaram-nos, além de matar os sogros.

38. Ilo era um dos quatro filhos de Tros, ancestral da casa real de Tróia.

39. *Diôscuros*. Veja-se a nota 21.

39a. Priamidas são os descendentes de Príamo.

40. Atridas. Veja-se a nota 27.

41. Oríon e Sírio são duas constelações.

42. Eco era uma ninfa nas lendas gregas.

43. Veja-se a nota 39a.

44. Os edônios eram habitantes da Trácia, na região próxima a Anfípolis. Seus tecidos eram famosos na antigüidade.

44a. Diôniso, o deus dos delírios místicos e da embriaguez (o Baco dos latinos).

45. Tindárida. Aqui é Clitemnestra, filha de Tíndaro (ou Tindareu), irmã de Helena e mulher de Agamêmnon (veja-se a nota 15). A profecia de Poliméstor no verso 1658 se concretiza, e é o assunto do *Agamêmnon* de Ésquilo.

Trabalhos publicados por Mário da Gama Kury

1. *Dicionário de mitologia grega e romana*, Rio de Janeiro, Jorge Zahar, 7ª ed., 2003.
2. "O grego no 2º milênio a.C.", in *Revista Filológica*, n.7, 1957.
3. Introdução à *Oração da coroa* de Demóstenes, na tradução de Adelino Capistrano, Rio de Janeiro, Edições de Ouro, 1965.
4. Introdução às *Vidas de Alexandre e César* de Plútarcos, na tradução de Hélio Veiga, Rio de Janeiro, Edições de Ouro, 1965.

Traduções do grego com introdução e notas

5. Aristófanes, *As nuvens, Só para mulheres, Um deus chamado dinheiro*, Rio de Janeiro, Jorge Zahar, 3ª ed., 2003.
6. Aristófanes, *As vespas, As aves, As rãs*, Rio de Janeiro, Jorge Zahar, 2ª ed., 2000.
7. Aristófanes, *A greve do sexo* e *A revolução das mulheres*, Rio de Janeiro, Jorge Zahar, 5ª ed., 2002.
8. Marco Aurélio, *Meditações*, Rio de Janeiro, Edições de Ouro, 1967.
9. Aristófanes, *A paz* — Menandro, *O misantropo*, Rio de Janeiro, Edições de Ouro, 1968.
10. Tucídides, *História da guerra do Peloponeso*, Brasília, Editora UnB, 3ª ed., 1988.
11. Aristóteles, *Política*, Brasília, Editora UnB, 1985.
12. Aristóteles, *Ética a Nicômacos*, Brasília, Editora UnB, 1985.
13. Políbios, *História*, Brasília, Editora UnB, 2ª ed., 1988.
14. Herôdotos, *História*, Brasília, Editora UnB, 2ª ed., 1988.
15. Diôgenes Laêrtios, *Vidas e doutrinas dos filósofos ilustres*, Brasília, Editora UnB, 1988.
16. Sófocles, *A trilogia tebana — Édipo Rei, Édipo em Colono, Antígona*, Rio de Janeiro, Jorge Zahar, 10ª ed., 2002.
17. Ésquilo, *Oréstia — Agamêmnon, Coéforas, Eumênides*, Rio de Janeiro, Jorge Zahar, 6ª ed., 2003.
18. Eurípides, *Medéia, Hipólito, As Troianas*, Rio de Janeiro, Jorge Zahar, 5ª ed., 2001.
19. Ésquilo, *Os persas* — Sófocles, *Electra* — Eurípides, *Hécuba*, Rio de Janeiro, Jorge Zahar, 5ª ed., 2004.
20. Eurípides, *Ifigênia em Áulis, As fenícias, As bacantes*, Rio de Janeiro, Jorge Zahar, 4ª ed., 2002.
21. Ésquilo, *Prometeu acorrentado* — Sófocles, *Ájax* — Eurípides, *Alceste*, Rio de Janeiro, Jorge Zahar, 3ª ed., 1999.

Outras traduções

22. Jacqueline de Romilly, *Fundamentos de literatura grega*, Rio de Janeiro, Jorge Zahar, 1984.
23. Sir Paul Harvey, *Dicionário Oxford de literatura clássica grega e latina*, Rio de Janeiro, Jorge Zahar, 1987.
24. Marcel Detienne, *A escrita de Orfeu*, Rio de Janeiro, Jorge Zahar, 1991.
25. J.V. Luce, *Curso de filosofia grega*, Rio de Janeiro, Jorge Zahar, 1994.